L'idée d'un entretien avec Michel Houellebecq est née au printemps alors que Michel Onfray et Stéphane Simon, les deux cofondateurs de la revue *Front Populaire*, désespéraient, durant la dernière campagne présidentielle, de voir la question de la civilisation si peu et si mal traitée par les candidats et les médias.

S'ils se connaissent, se lisent et s'estiment, Onfray et Houellebecq n'avaient jamais jusqu'ici débattu ailleurs que dans un cadre privé. Nous étions loin de nous imaginer qu'ils dialogueraient pour nous pendant plus de six heures ! Passant en revue tous les grands sujets : le déclin de l'Occident, l'existence de Dieu, l'euthanasie, le grand remplacement, la peine de mort, l'Union européenne, l'écologie, la démocratie… Et nous offrant là un morceau de bravoure, de vérité et de lucidité qui fera date.

Bonne lecture !

## SOMMAIRE

# « DIEU VOUS ENTENDE, MICHEL. »

ENTRETIEN ENTRE
**MICHEL HOUELLEBECQ**
ET **MICHEL ONFRAY**

**MICHEL ONFRAY** : « Je regarde de toutes parts et je ne vois partout qu'obscurité. » C'est par cette citation des *Pensées* de Blaise Pascal, cher Michel, que vous commencez votre texte politique le plus récent, qui a été publié l'an dernier dans *Le Point*. Or, il se fait que je vois dans cette phrase la quintessence de votre pensée. Car je crois, si vous me permettez, qu'il y a une « pensée Houellebecq ». Une pensée à laquelle j'adhère absolument, d'ailleurs, n'ayant rien à redire à tout ce que vous avez pu écrire sur la civilisation. Et donc, j'aimerais bien reprendre avec vous quelques-unes des remarques que vous avez faites sur cette question. Et je commencerai par vous interroger sur l'effondrement de la France, qui pour vous est une évidence.

**MICHEL HOUELLEBECQ** : Une évidence, oui, mais pas seulement pour moi. Et c'est ça qui me stupéfie, avant tout. La France ne décline pas davantage que les autres pays européens, mais elle a une conscience exceptionnellement élevée de son propre déclin. Dans le texte du *Point* auquel vous faites allusion, je parle presque uniquement de démographie. Or, sur le plan démographique, notre pays n'est pas celui qui décline le plus. Si l'on considère l'indice synthétique de fécondité, c'est-à-dire le nombre d'enfants par femme, les nations les plus mal classées de notre continent sont celles d'Europe du Sud : le Portugal et la Grèce à 1,4, l'Espagne et l'Italie à 1,3. Alors que la France est à 1,8. Ça fait une grosse différence. Ce n'est pas un déclin seulement français que nous vivons. Ce n'est même pas un déclin seulement occidental, l'effondrement démographique le plus brutal se produit dans certains pays asiatiques, qu'en général on admire pour leur compétitivité et leur avance technologique. Le Japon est déjà très bas avec 1,3, mais la Corée atteint le chiffre effarant de 0,9. C'est d'autant plus dramatique que ces nations refusent toute forme d'immigration. Si rien ne se passe, elles vont disparaître, et dans un futur pas très éloigné. Si rien ne se passe, dans moins d'un siècle, les Coréens auront été rayés de la surface de la planète, la Chine sera peu peuplée, Hong Kong sera un désert et il ne restera plus que quelques très vieux Japonais. Bref, le déclin n'est pas uniquement, ni même principalement, lié à la chute du christianisme. C'est la modernité en elle-même qui génère sa propre destruction. C'est très troublant. J'ai été impressionné par Nietzsche quand j'étais jeune, je crois même que c'est ma première lecture philosophique. Enfin non, Pascal l'a précédé, mais Nietzsche a été le second. Eh bien, on

est aujourd'hui face à un phénomène dont le nihilisme européen annoncé par Nietzsche ne suffit clairement pas à rendre compte.

**MICHEL ONFRAY** : Un grand penseur de la démographie, Pierre Chaunu[1], dont on ne parle plus parce qu'il était contre l'avortement, a dit sur la contraception des choses qu'on n'avait pas envie d'entendre à l'époque. Mais il y avait chez lui une théorie de l'Histoire très intéressante, chrétienne, inspirée de Bossuet, qui voyait les civilisations comme des êtres vivants. Comme Chaunu, je pense que la maîtrise de la fertilité, c'est-à-dire l'apparition de la contraception, puis la légalisation de l'avortement, auxquels je suis favorable, contrairement à lui, ont fait que la procréation est devenue dans les pays riches une affaire de volonté. Ailleurs, on fait des enfants parce qu'on n'a pas le choix. Mais chez nous, le progrès technologique a corrélé démographie et volonté. Quand la volonté s'épuise dans une civilisation, il y a fatalement moins d'enfants. Pour des raisons que vous signalez d'ailleurs de façon géniale dans vos livres : l'individualisme, l'hédonisme, le narcissisme. Quand on a de l'argent, on veut le dépenser pour soi. On veut mener une vie personnellement épanouie et on se dit qu'un enfant, ça suffira. Résultat, les grandes familles sont aujourd'hui l'apanage des catholiques, des musulmans et des juifs pratiquants, inspirés par des monothéismes qui pensent que l'enfant est un cadeau de Dieu. C'est la formule de la Genèse : « Croissez et multipliez-vous. » Voilà pourquoi j'ai plutôt tendance à ramener le problème à la religion, à la religion qui s'effondre.

**MICHEL HOUELLEBECQ** : Oui, mais il faut bien expliquer le phénomène pour les pays asiatiques. Le Japon a été, sur le plan technologique, le pays le plus évolué en Asie pendant pas mal de temps. Et c'est au Japon, et non dans un pays chrétien, qu'est apparue pour la première fois dans l'histoire de l'humanité la possibilité de se réfugier dans un monde virtuel, de cesser tout contact réel avec les autres, ce qui finit par empêcher toute sexualité. Or, la sexualité reste encore le moyen le plus répandu de faire des enfants...

**MICHEL ONFRAY** : Il y a une discipline qui peut nous aider, c'est la géographie. Le Japon est une île, qui n'est pas habitable partout. Une prolifération d'humains vit dans un espace extrêmement réduit et à un moment donné, pour le coup, il faut faire de l'éthologie. Cette discipline nous dit que quand on est trop nombreux, cela s'arrête. Il y a une espèce d'homéostasie de la nature. Le très beau film d'Alain Resnais, *Mon oncle d'Amérique*[2], montrait cela très bien, avec des rats de laboratoire dans des espaces confinés et des chercheurs qui y produisaient de l'agressivité. La démographie repose aussi sur ces types de phénomènes. Regardez comme la qualité du sperme humain s'est modifiée. Certes, cela s'explique en partie par notre alimentation. Mais je pense que quand on oublie la nature, comme on évince la nature, quand on se place dans de pures logiques de culture, alors le corps oublie lui aussi qu'il est dominé par les logiques vitalistes. C'est pour cela que votre souci de la démographie m'intéresse. Parce qu'on n'en parle jamais. Alors que l'effondrement des empires s'explique notamment par la démographie. Quand on aborde la question de la chute de Rome, il y a la question de la quantité.

**MICHEL HOUELLEBECQ** : Mais alors, pourquoi pensez-vous que la prochaine civilisation sera transhumaniste et pas islamiste ? L'islamisme a justement la quantité pour lui, contrairement au transhumanisme.

**MICHEL ONFRAY** : S'il y a une quantité d'imbéciles, ça ne donnera rien de durable. Il faut aussi une minorité de

[1] Pierre Chaunu (1923-2009) : historien, il a alerté sur le déclin démographique de l'Occident notamment dans son essai *Le Refus de la vie. Analyse historique du présent*, éd. Calmann-Lévy, 1975.

[2] *Mon oncle d'Amérique* : film du cinéaste Alain Resnais, sorti en 1980 et inspiré des travaux du médecin neurobiologiste Henri Laborit.

gens intelligents pour faire une civilisation. Regardez le XVIIe siècle français et le nombre de ses génies : La Fontaine, Racine, Molière, Boileau, La Bruyère, Corneille, etc. Et aujourd'hui, tout le monde utilise les voitures, le téléphone, l'électricité, la réfrigération, Internet, qui sont autant d'inventions occidentales dues à des minorités agissantes plutôt qu'à des majorités silencieuses, plus à des qualités qu'à des quantités. Au XXIe siècle, ces minorités se trouvent sur la côte californienne et en Chine, et travaillent à l'instauration future du transhumanisme. Raison pour laquelle je pense que quelqu'un comme Elon Musk[3] est un personnage qui comptera pour la suite de la civilisation, qui sera planétaire et finira d'ailleurs par quitter la planète. Quand Musk lance sa start-up Neuralink, pour développer dans le plus grand secret des implants cérébraux, il est à l'avant-garde du transhumanisme. Quand il lance son entreprise de vols spatiaux SpaceX, il prépare la possibilité de vivre un jour loin de la Terre. Ces projets se jouent avec une poignée de gens. Voilà pourquoi je pense que l'avenir de la civilisation ne se fera pas avec les islamistes, même si, effectivement, ils souhaitent détruire l'Occident grâce à la quantité. Le futur se fera avec la qualité de ce qui reste d'un Occident qui est un peu la queue de l'Europe.

**MICHEL HOUELLEBECQ** : J'ai du mal à y croire. Vous dites que le christianisme est foutu et je pense le plus souvent que vous avez raison. Mais si le christianisme est foutu, l'Occident est foutu. Il a permis, engendré la civilisation chrétienne, c'est très beau, je le félicite sincèrement, mais il ne produira rien d'autre. Il n'aura pas de seconde chance. Et je mets tout l'Occident dans le même panier, y compris les États-Unis. Quand je suis allé en Californie, je n'ai pas eu l'impression d'une civilisation différente de l'Europe. Comme nous, ils ont été marqués par le christianisme, ils croient dorénavant à la science, ils sont hédonistes et leur appétit de biens matériels est très grand.

**MICHEL ONFRAY** : J'ai constaté ça aussi quand je m'y suis rendu. C'est la civilisation européenne dans ce qu'elle a de pire. Baudrillard[4] a écrit de très belles pages sur cette Amérique. Mais la Californie, c'est aussi un point de tuilage. Il y a quelque chose d'autre qui s'y prépare. On ne le voit pas trop, cela n'est pas très visible. Sauf que c'est partout. Regardez Pap Ndiaye, notre ministre de l'Éducation nationale, qui a été formé aux États-Unis et qui incarne parfaitement ce qui s'y passe en faisant recruter les enseignants français en vingt minutes… Pour lui, il ne s'agit plus d'apprendre aux écoliers à lire, écrire, compter et penser, il faut les préparer à être malléables pour devenir des consuméristes planétaires. Et pour nous faire gober cela, on nous prend par les sentiments. Si, par exemple, vous avez des parents âgés qui ont la maladie d'Alzheimer, on vous dit : « Vous n'allez tout de même pas vouloir les laisser dans cet état. Bientôt, on pourra leur redonner artificiellement de la mémoire, on est déjà capable de le faire avec des animaux, qui se souviennent de choses qu'ils n'ont pas vécues. » Je pense que le transhumanisme avance ainsi, même pas masqué, puisque quiconque regarde vraiment les choses les voit avancer. Je pense qu'en Chine, c'est exactement pareil. Ils ne sont pas retenus par la morale et je ne serais pas étonné qu'un jour, on découvre que le clonage y est déjà très avancé.

**MICHEL HOUELLEBECQ** : Je serais étonné, pour ma part. Car la Chine a du mal à produire des choses vraiment innovantes, en réalité. Il est difficile de maintenir un niveau de créativité suffisant dans un pays totalitaire, les gens y deviennent naturellement stupides et peu imaginatifs. C'est ça, le gros atout des États-Unis. Par ailleurs, la Chine est

[3]Elon Musk (né en 1971) : homme d'affaires américain, il a fondé en 2008 la marque d'automobiles électrique Tesla, basée au Texas.

[4]Jean Baudrillard (1929-2007) : sociologue, il a analysé la civilisation occidentale contemporaine, notamment dans son essai *La Société de consommation*, éd. Gallimard, 1970.

en plein déclin démographique. Ils ont utilisé des moyens franchement coercitifs pour limiter les naissances et ils ont réussi, c'était difficile. Mais, pour faire repartir leur démographie, ce sera encore bien plus ardu, peut-être même impossible. La seule chose, bizarrement, qui semble un peu marcher – et encore, pas toujours, en Russie, c'est retombé à 1,5 – ce sont les incitations financières.

**MICHEL ONFRAY** : Si on permet à l'un des deux dans un couple de ne pas travailler pour éduquer les enfants, si on lui dit « vous allez être payé pour ça », cela peut fonctionner. La démographie n'est pas juste un phénomène de la nature, je vous l'accorde. En revanche, je ne partage pas votre point de vue sur la Chine, qui est, me semble-t-il, assez comparable aux États-Unis. Dans les deux cas, c'est le marché qui fait la loi. Donc, c'est plus facile d'y avancer sur le terrain du transhumanisme. Si vous avez des crédits de recherche illimités et si vous proposez à une élite d'apparatchiks de mener la grande vie, ces gens-là peuvent faire des pas de géant, dans la plus grande discrétion, même s'ils ne sont pas exactement discrets quand ils viennent à Paris, où ils achètent des produits de luxe, boivent de grands vins, mangent du foie gras et du caviar ou je ne sais quoi. Mais pour revenir à leur puissance technologique, je me souviens que, peu de temps avant de mourir, le professeur Montagnier[5] avait avancé une hypothèse selon laquelle le Covid serait un artefact mis au point dans un laboratoire à Wuhan. Je ne suis pas habilité à dire si c'est vrai ou si c'est faux, mais je sais qu'un prix Nobel de médecine a tenu des propos qui méritent qu'on s'y intéresse et qui laissent penser que les Chinois sont à l'avant-garde des biotechnologies. Si bien qu'il ne serait pas surprenant qu'un jour, Pékin annonce la sortie d'une chimère, d'un mélange d'animal et d'humain. Peut-être même existe-t-elle déjà et attendent-ils que nous soyons prêts à l'accepter moralement. Ce qui ne saurait tarder.

**MICHEL HOUELLEBECQ** : Vous abordez un point délicat. Parce que du point de vue moral, au départ, je ne crois pas qu'on puisse sérieusement s'opposer à la recherche médicale. J'ai moi-même toujours été passablement ambigu sur ce sujet. On a pu trouver notamment que *Les Particules élémentaires* étaient équivoques. Lors de la sortie du livre, je

me souviens d'avoir participé à un débat public durant lequel j'étais accusé d'eugénisme et de nazisme, c'était pénible. J'ai été sauvé par un handicapé, qui s'est levé pour me soutenir en bredouillant, le pauvre avait du mal à parler : « Moi, je suis pour la recherche génétique… » Les écolo-gauchistes présents dans la salle ont immédiatement fermé leur gueule. Qu'est-ce qu'on peut objecter à la recherche d'un traitement pour une maladie génétique orpheline bien

[5] Luc Montagnier (1932-2022) : biologiste, il a formé et animé l'équipe de chercheurs qui a découvert le virus du sida.

dégueulasse ? Mais voilà, la question se pose tout de suite : où est-ce qu'on s'arrête ? Je suis d'autant plus ambigu que je n'ai pas le culte de la nature. Je pense incidemment qu'on ne peut pas trouver intellectuellement plus opposé que moi aux écologistes français. C'est vraiment la lie de l'humanité. Ils ont tort sur tout, c'est fascinant. On peut se demander s'ils ne sont pas lancés en ce moment dans le concours du maire écologiste le plus nul ; ça risque d'être

serré. Bon, parlons de choses sérieuses, j'ai du mal à m'opposer frontalement au transhumanisme. À ce sujet, je vous conseille la lecture d'un auteur américain de science-fiction, Norman Spinrad. Il déteste son pays et vit à Paris. Il a écrit à la fin des années 60 *Jack Barron et l'éternité*[6]. L'histoire : on a trouvé le moyen d'être immortel, sauf que ça coûte extrêmement cher. Si bien qu'une situation d'inégalité suprême est atteinte. Les hommes ont toujours dit « nous sommes égaux devant la mort » et se sont souvent consolés avec l'idée. Ce n'est plus le cas. Il est intéressant de voir à quel point des enjeux de société qui commencent à apparaître seulement maintenant ont déjà été posés il y a cinquante ans par la littérature d'anticipation.

**MICHEL ONFRAY** : Je connais mal cette littérature. Cela dit, j'ai lu au collège *Le Meilleur des mondes*[7] d'Aldous Huxley, dont je gardais un souvenir un peu lointain, et que j'ai relu récemment. J'ai été stupéfait par ce qui s'y trouve raconté. C'est incroyable. Je pense que notre époque, c'est le meilleur des mondes.

**MICHEL HOUELLEBECQ** : Huxley avait un frère aîné, Julian, le premier directeur de l'Unesco. C'était un scientifique fort compétent, qui, contrairement à son frère, un opposant au fond très ambigu, aspirait clairement au « meilleur des mondes », à un monde eugéniste. Par ailleurs, il est important de noter que le « meilleur des mondes » pourrait être un moyen efficace de lutter contre la dénatalité ; c'est peut-être même le seul. Je rappelle quelques principes de l'organisation sociale mise en place : tous les enfants naissent par procréation artificielle et sont pris en charge dès leur naissance par un organisme d'État, où ils sont élevés jusqu'à l'âge adulte. On pourrait qualifier Julian Huxley d'« eugéniste de gauche », terme qu'on ne peut plus guère comprendre aujourd'hui, puisque dès que vous parlez d'eugénisme, on vous renvoie directement à Hitler.

**MICHEL ONFRAY** : C'est hélas vrai. Ce qu'on ne dit jamais, c'est que Condorcet a inventé l'eugénisme en 1795, dans son *Esquisse d'un tableau historique des progrès de l'esprit humain*[8]. Et c'est une pensée qu'on trouve aussi chez Maupertuis[9]. Mais évidemment, on laisse tout ça de côté. On préfère oublier que

[6] *Jack Barron et l'éternité* : roman de l'écrivain américain Norman Spinrad, publié en 1969 sous le titre original *Bug Jack Barron* et traduit deux ans plus tard en français, éd. Robert Laffont.

[7] *Le Meilleur des mondes* : roman de l'écrivain britannique Aldous Huxley, publié en 1932 sous le titre original *A Brave New World* et traduit la même année en français, éd. Plon.

[8] *Esquisse d'un tableau historique des progrès de l'esprit humain* : essai de Nicolas de Condorcet publié en 1795 à titre posthume.

[9] Pierre Louis Moreau de Maupertuis (1698-1759) : homme de sciences, il a contribué notamment à la diffusion des théories d'Isaac Newton hors d'Angleterre.

les philosophes des Lumières voulaient un homme nouveau et l'amélioration de la race. Prenez *Émile*[10] de Rousseau, c'est une pédagogie très autoritaire, très étatique. Bref, l'eugénisme est un produit des Lumières. On peut d'ailleurs s'interroger sur la présence du mot « socialisme » dans national-socialisme… Mais pour revenir à votre œuvre, qui n'a évidemment rien de nazi, vous avez dit des choses très fortes sur la question de la réification du vivant, notamment avec vos positions sur l'euthanasie. Le vivant est en train de devenir une variable d'ajustement, que certains voudraient gérer comme on gère un stock. Dans plusieurs pays supposés avancés, on loue des utérus, on achète des ovocytes et des spermatozoïdes, il y a des trafics d'organes. Et le comble du progressisme, ce serait de défendre ça ? J'y vois, pour ma part, le signe de l'effondrement de la civilisation !

**MICHEL HOUELLEBECQ** : L'euthanasie, je sens que c'est un sujet sur lequel il va falloir que je m'exprime prochainement dans les médias. Vu tout ce que j'ai déjà dit, vu le projet de loi en préparation, je suis quasiment obligé d'y aller. Ce qui me déprime, car c'est un combat perdu d'avance. Je sais que ça va me tomber dessus et que je vais perdre.

**MICHEL ONFRAY** : Comment le défendez-vous, ce point de vue ?

**MICHEL HOUELLEBECQ** : Tout d'abord, je suis persuadé que l'écrasante majorité des gens qui se déclarent en faveur de l'euthanasie ne veulent tout simplement pas mourir dans d'atroces souffrances. Or, aujourd'hui, il y a des médicaments qui permettent d'éviter cela. Déjà, la morphine, qui marche pas mal. Mais elle a plus de 200 ans et, depuis, des dérivés beaucoup plus puissants ont été découverts. La douleur est devenue un faux problème. On ne le dit pas assez, c'est en partie la faute de certains médecins, de plus en plus rares heureusement, qui n'ont pas encore compris que leur métier n'est pas uniquement de guérir, mais de soulager les souffrances. Mon second argument, c'est le scandale du concept de « mourir dans la dignité ». Ça veut dire que refuser l'euthanasie, accepter de se montrer physiquement diminué, ça manque quand même un peu de dignité. Je trouve répugnant de suggérer une telle chose.

**MICHEL ONFRAY** : Mais votre point de rupture n'est-il pas atteint ? L'euthanasie est déjà possible dans des pays voisins du nôtre…

**MICHEL HOUELLEBECQ** : On n'arrêtera pas à la frontière, qui d'ailleurs n'existe pas, les gens qui veulent aller mourir dans une clinique spécialisée en Belgique. Quand on veut mourir, on meurt. Mais je ne veux pas que le gouvernement de mon pays l'accepte. Et je ne suis pas rigoriste en matière d'éthique médicale. Par exemple, intervenir directement sur le code génétique, travailler le noyau d'une cellule pour éliminer un dysfonctionnement, je n'y mets aucune opposition sérieuse. J'ai de bons amis réactionnaires qui, en revanche, y sont farouchement opposés, parce que pour eux, la nature est une création divine, une sorte de sanctuaire. Je ne partage pas ce point de vue. Déjà parce que je ne suis pas du tout sûr de croire en Dieu. Ensuite parce que je refuse la religion des écologistes, la divinisation de la nature. Moi, la nature, je ne l'aime pas tellement.

**MICHEL ONFRAY** : Si vous permettez, je vais répondre à vos remarques sur l'euthanasie. Mais je ne vais pas parler à partir de ma bibliothèque, mais à partir de mon existence. En 2013, j'ai aidé ma compagne de trente-sept années de vie commune à mourir et, donc, à accéder à l'euthanasie. Concrètement, elle a eu un cancer qui a duré un peu plus d'une décennie, avec des chimiothérapies non-stop pendant sept ans. Un jour, on

[10] *Émile ou de l'éducation* : essai de Jean-Jacques Rousseau publié en 1762.

« L'INDIGNITÉ N'EST PAS DANS LE CORPS AGONISANT, ELLE EST CHEZ CELUI QUI LAISSE LE CORPS SOUFFRANT SOUFFRIR. »

MICHEL ONFRAY

m'a annoncé qu'il lui restait quelques semaines à vivre. Vous avez parlé de la douleur physique. Marie-Claude n'a pas eu beaucoup de douleurs physiques. Et puis, vous avez raison, on a aujourd'hui toute une batterie d'antalgiques qui permettent de composer avec la douleur, notamment avec celle liée aux chimiothérapies. Je suis assez admiratif de ces médicaments-là. Mais il y a aussi la douleur psychique, dont vous ne parlez pas et que je trouve terrible. Quand vous dites à quelqu'un qu'il lui reste quatre semaines à vivre, il n'y a pas de médicament pour empêcher la souffrance qu'il va éprouver. Pendant un mois, j'ai invité à la maison les gens que Marie-Claude aimait, pour des déjeuners, des dîners. Ils ne savaient pas qu'elle allait mourir. Elle non plus. Moi, oui. Je ne vais pas dire que ma douleur psychique était insupportable, mais j'imagine l'angoisse de quelqu'un qui sait que c'est lui qui, dans un mois, ne sera plus là. Bien sûr, dans l'absolu, nous savons tous que nous allons mourir, nous avons Pascal en commun, vous et moi. Mais celui qui sait que la date de sa mort est très proche, ce n'est pas du tout la même chose. Sauf avec l'aide d'un recours spirituel du genre « il y a une vie après la mort, je vais retrouver les morts que j'ai aimés », c'est effrayant. L'euthanasie ne soulage pas de la souffrance physique, mais de la souffrance psychique. La question de la dignité, c'est pareil, il faut l'entendre de manière particulière. Ça ne veut pas dire : « Vous avez vu dans quel état vous êtes avec des tuyaux partout, vous faites quarante kilos, vous êtes dans vos excréments, vous vomissez, vous êtes indigne. » Personne ne pense que le corps d'un malade est indigne. Non, ce qui est indigne, c'est que devant cette souffrance, nous disions : « Tu vas vivre cette souffrance parce qu'elle a, comme disent les catholiques, un pouvoir salvifique. Elle te sauve. » Or, parmi ceux qui s'opposent à l'euthanasie et qui font l'éloge des soins palliatifs, il y a non seulement l'Église, mais aussi un autre type d'églises, néo-freudiennes celles-là, qui expliquent qu'il va falloir « lâcher prise » et « faire son deuil », des expressions d'une grande sottise. Car je peux vous dire que quand Marie-Claude est décédée, j'ai bien compris qu'il n'y aurait jamais de lâcher-prise et que je ne ferais jamais mon deuil, puisque c'est le deuil qui m'a fait, ce qui n'est pas exactement la même chose. Dans ces situations, l'indignité n'est pas dans le corps agonisant, elle est chez celui qui laisse le corps souffrant souffrir. Vous connaissez cette phrase de Kafka à son médecin : « Si vous ne me tuez pas, vous êtes un criminel. » Or, ce que disent **Marie de Hennezel**[11] et les gens qui portent la cause des soins palliatifs, ce sont des injonctions comme : « Vous étiez fâché avec vos enfants, avec votre ex-mari ou votre première femme, ou je ne sais quoi, alors prenez le temps de vous voir et réconciliez-vous ! » C'est ça que je trouve un peu indigne. Car, quand on agonise, la question du suicide, la vieille question romaine, la question des stoïciens qui se demandaient « que faire quand la pièce est envahie par la fumée ? » se pose en priorité. Et moi,

[11]Marie de Hennezel (née en 1946), psychothérapeute, s'est engagée pour l'amélioration des conditions de la fin de vie, notamment dans son essai *La Mort intime*, éd. Robert Laffont, 1995.

je pense qu'on doit pouvoir dire : « J'ai envie de quitter la pièce, aidez-moi ! »

**MICHEL HOUELLEBECQ** : Je ne suis pas fan des stoïciens, mais j'ai une grande admiration pour Épicure. Il est vrai que quand nous sommes, la mort n'est pas, et quand la mort est nous ne sommes plus. Nous n'entrerons jamais en contact avec la mort, il n'y a donc aucune raison de la craindre. Je trouve le raisonnement parfait. J'espère qu'il fonctionnerait encore sur moi si l'on m'annonçait que je n'ai plus qu'un mois à vivre.

**MICHEL ONFRAY** : Épicure m'a beaucoup aidé quand Marie-Claude est morte. Que dit-il ? Si la mort est là, je n'y suis pas. Si je suis là, la mort n'y est pas. Autrement dit, la mort, c'est surtout l'idée de la mort. Raison pour laquelle il faut rompre avec l'hypocrisie qui entoure la fin de vie. Car on sait très bien que des toubibs pratiquent l'euthanasie discrètement, secrètement, sans forcément mettre la famille dans l'embarras. Et vous disent : « Bah oui, on pratique ça au quotidien, sans les autorisations. » Très bien, mais ça ouvre la voie à des soignants pervers, des tordus, dont on a vu qu'ils ressentaient une certaine jouissance à infliger la mort. Voilà pourquoi je pense qu'un débat, un vrai débat, s'impose pour une réglementation.

**MICHEL HOUELLEBECQ** : Ma culture philosophique est loin d'égaler la vôtre, et c'est un euphémisme, mais il me semble que Kant a beaucoup écrit sur la dignité et qu'il n'imaginait pas une seconde qu'il soit digne de se suicider. Je me souviens d'un article de journal, d'une femme assez connue qui s'exprimait comme une gentille grand-mère et qui expliquait que le jour où elle ne pourrait plus faire de tartes aux pommes à ses petits-enfants, il serait temps pour elle de mourir. Ça m'avait frappé, parce que ma propre grand-mère était excellente en tarte aux pommes. Je suis loin d'être quelqu'un d'admirable, à tous égards, mais quand même, si j'aimais ma grand-mère, ce n'était pas uniquement pour ses tartes aux pommes. Il y a une tendance récente, que j'ai particulièrement remarquée dans l'affaire Vincent Lambert, qui est de réduire les gens à leur capacité de communiquer avec autrui. Je trouve ça infect et, par ailleurs, stupide. Personne ne sait ce qui se passe dans un autre esprit humain. Personne ne le sait réellement. Il y a une anecdote qui m'avait bien plu dans un livre blanc consacré aux établissements qui prennent en charge les patients en état végétatif : une femme qui d'un seul coup, à l'occasion d'une visite, s'était mise à parler. Le médecin était stupéfait : « Mais ça fait des mois que je vous parle, que j'essaie de communiquer avec vous et vous ne m'avez jamais répondu ! » Elle lui a répondu : « Ce que vous disiez n'était pas tellement intéressant. »

**MICHEL ONFRAY** : Sur Kant, vous avez raison, c'est vraiment le grand penseur de la dignité, et il n'a pas envisagé une seule seconde qu'on puisse se suicider. Contrairement à ce que l'on croit, le kantisme n'est pas seulement la philosophie du devoir à l'endroit d'autrui et de l'impératif catégorique. Pour lui, on a aussi des devoirs envers soi-même. Ce qui est intéressant, d'ailleurs, si l'on réfléchit, par exemple, à notre rapport aux animaux. Pour Kant, les animaux n'ont pas de droits, mais, étant donné que nous avons des devoirs envers nous-mêmes, il faut prendre soin d'eux. Je vous dis cela parce que si nous sommes en désaccord total sur l'euthanasie, nous sommes au moins d'accord, vous et moi, pour penser qu'il faut défendre les plus faibles. Comme vous le savez, il y a eu voilà deux ans une proposition de loi pour autoriser les interruptions médicales de grossesse dans le cas de détresses psychosociales. Les interruptions médicales, ou IMG, sont permises jusqu'au terme, contrairement aux interruptions volontaires, ou IVG. Or, cette proposition de loi a été votée à l'Assemblée nationale grâce aux voix de toute la gauche et d'une partie des macronistes. Heureusement, dans sa sagesse, le Sénat n'a pas autorisé cette réforme, qui, pour moi, aurait marqué l'effondrement de la civilisation. En effet, on aurait abouti, en France, à un système juridique dans lequel on va en prison si on tue un petit chat en le jetant par une fenêtre mais où, en revanche, on peut invoquer des raisons psychosociales pour commettre, à huit mois de grossesse, un infanticide. Quand j'ai fait savoir mon opposition à cette éventualité, un crétin du nom de Gérard Miller a fait un papier dans *L'Obs* pour dire que j'étais contre l'avortement. Alors que je suis et ai toujours été pour l'avortement. Mais accepter que l'on tue pour des motifs psychosociaux un enfant qui est sur le point de naître est un point de bascule pour moi. Comme l'est pour vous l'euthanasie.

**MICHEL HOUELLEBECQ** : Pour moi aussi, ce serait un point de bascule. Je ne pourrais pas supporter une telle loi. Je sens avec inquiétude qu'on s'en approche, de ce point de non-retour. Je veux bien défendre l'Occident, mais encore faut-il qu'il mérite d'être défendu. Il y a un moment, c'est vrai, où je serai peut-être amené à me séparer de la civilisation qui est la mienne, si tant est qu'elle mérite encore le nom de civilisation. Pourtant, je ne me considère pas comme un extrémiste. La gestation pour autrui, par exemple, je suis franchement contre ; si c'était légalisé en France, j'écrirais peut-être quelques chroniques violentes, voire franchement insultantes, j'aurais plaisir à traîner dans la boue les pétasses mâles ou femelles qui y recourent, mais je n'en ferais pas un cas de rupture. L'euthanasie, si. Parfois, je me demande s'il n'arrivera

« JE NE CROIS PAS UNE SECONDE AU POUVOIR RÉDEMPTEUR DE LA SOUFFRANCE PHYSIQUE. »

MICHEL HOUELLEBECQ

pas un jour où je choisirai de passer ma retraite chez les talibans : j'y serais mieux traité que dans un EHPAD. Enfin, les talibans, j'exagère peut-être un peu, disons le Maroc.

Mais j'aimerais revenir sur un point. Je comprends votre exaspération devant des expressions vaguement *new age* comme « faire son deuil » et « lâcher prise ». En revanche, il y a une vérité profonde dans ce que dit Marie de Hennezel. Je trouve captivant le récit des morts de chevaliers au Moyen Âge. Certains ont été offensés et l'offenseur vient leur demander pardon. Ou bien, à l'inverse, ils veulent être pardonnés par ceux qu'ils ont offensés. Il y en a vraiment beaucoup, des récits de ce genre. Alors peut-être que je délire, mais ça m'a fait penser à la mort de mon père, qui a exprimé le besoin de voir beaucoup de gens autour de son lit d'hôpital et qui seulement ensuite s'est laissé mourir, c'est vraiment l'impression que j'ai eue. Et il y a autre chose qui s'est produit, de plus mystérieux encore, c'est que pendant des jours et des jours, il a parlé en revivant des événements de sa vie. Il y en avait beaucoup de différents, il a été guide de montagne, par ailleurs il a fait des trucs bizarres, genre conduire des camions dans des conditions dangereuses, un peu comme dans *Le Salaire de la peur*[12]. Apparemment, c'était très important pour lui de se remémorer certains faits marquants de sa vie. En écoutant cela, je me suis dit que l'agonie était un moment très important ; que c'était vraiment quelque chose qui faisait partie de la vie et qui ne devait pas être escamoté. Au cours des différentes agonies dans lesquelles j'ai été impliqué, j'ai acquis la certitude qu'il aurait été très grave d'y mettre fin prématurément. Il ne s'agit pas d'écraser une mouche, tout de même. Mais je suis entièrement d'accord avec vous sur un point : je ne crois pas une seconde au pouvoir rédempteur de la souffrance physique. Au contraire, pour que l'agonie apporte au mourant tout ce qu'elle peut lui apporter, il faut en tout premier lieu éliminer la souffrance physique, qui est un univers qui n'a aucun sens, qui ne conduit à rien d'autre qu'à lui-même.

Je tiens aussi à préciser un dernier point : la formule du suicide assisté me paraît un peu plus acceptable. Elle est pratiquée en Suisse et dans différents États américains, avec un système un peu différent : le médecin fournit un poison au malade, qu'il prend à sa guise – ou parfois ne prend pas, d'ailleurs. Reste qu'à titre personnel, si quelqu'un me demande de lui procurer du poison, je refuserai tout net. Et que beaucoup de médecins n'ont aucune envie de violer leur serment d'Hippocrate.

**MICHEL ONFRAY** : Je crois que l'on peut envisager un Hippocrate transcendantal, c'est-à-dire un Hippocrate de notre époque, qui connaîtrait les dernières techniques médicales et serait capable de nous dire des choses justes et vraies. Au XXIe siècle, on a quand même considérablement changé le rapport à la mort, à la douleur, à la souffrance. On n'est plus du tout le même monde que celui des Grecs

[12] *Le Salaire de la peur* : film du cinéaste Henri-Georges Clouzot, sorti en 1953 et adapté du roman du même nom, de l'écrivain Georges Arnaud, éd. Julliard, 1950.

de l'Antiquité, ni dans une lecture chrétienne indexée sur la Passion du Christ. Plein de gens sont aujourd'hui centenaires, ce qui était exceptionnel il y a encore un siècle. L'idée qu'il ne faut pas toucher à un texte qui date de plus de vingt siècles est exagéré. La loi Neuwirth sur la pilule et la loi Veil sur l'avortement sont d'ailleurs déjà des remises en cause d'Hippocrate et du christianisme.

**MICHEL HOUELLEBECQ** : Oh, vous savez, le christianisme… J'ai grandi dans une région assez déchristianisée, la Bourgogne, et je ne crois pas avoir été atteint en profondeur par la morale chrétienne. Je n'ai pas été baptisé et j'ai été élevé par des gens qui votaient communiste, sans être spécialement communistes d'ailleurs, mais parce qu'ils étaient des prolétaires, point barre. Un vote de classe à l'état brut. Sans être anticléricaux, ils voyaient la religion d'un peu loin, comme un univers étrange. Si bien que ma référence morale, je crois qu'elle se trouve plutôt dans *Pif Gadget*[13] avec des valeurs qui font écho au Parti communiste, notamment les aventures de *Rahan, fils des âges farouches*. Vous avez lu ça ?

**MICHEL ONFRAY** : Oui, il y avait des albums à la bibliothèque de mon village.

**MICHEL HOUELLEBECQ** : À la fin de chacune de ses aventures, après avoir vaincu les méchants, qui sont souvent en relation avec le sorcier, Rahan conclut par une espèce de discours à la tribu, où il dit qu'une tribu a besoin d'un bon chef, mais pas d'un sorcier. Le message est clair. Cela dit, je suis allé un peu au catéchisme, il n'y avait aucune autre activité dans le village. J'ai été extrêmement déçu. Parce qu'on ne parlait que d'aider les pauvres, de quêter pour les Indiens, qui à l'époque étaient dans la misère. Tout ça, c'était très bien, mais moi je voulais savoir qui avait créé l'univers et pour quoi faire exactement. J'avais des questions métaphysiques et on me fournissait des réponses sociales.

**MICHEL ONFRAY** : C'était en Bourgogne ?

**MICHEL HOUELLEBECQ** : Oui.

**MICHEL ONFRAY** : Je croyais que vous étiez originaire de la Réunion.

**MICHEL HOUELLEBECQ** : Ma mère y a longtemps vécu et, finalement, y est morte. Moi-même, je n'y suis pas resté longtemps, peut-être jusqu'à l'âge de 3 ans. Après, j'ai brièvement vécu à Alger, chez ma grand-mère maternelle, en pleine guerre civile. Parmi mes premiers souvenirs, il y a le gaz lacrymogène, les bruits de mitraillettes, aussi. Tout ça m'amusait plutôt. Ensuite, je suis allé vivre chez ma grand-mère paternelle, qui était d'une famille de la Manche, mais habitait dans l'Yonne à l'époque. Au début, les autres enfants de l'école m'insultaient et me traitaient de pied-noir. Je ne comprenais pas de quoi ils voulaient parler, je regardais mes pieds, ils étaient normaux. Bon, je ne vais pas me plaindre, ils ont laissé tomber assez vite, pour d'autres, ça a été pire, dans l'ensemble, les pieds-noirs n'ont pas été très bien accueillis.

**MICHEL ONFRAY** : L'Algérie nous permet de revenir à la question de la civilisation et à de Gaulle, qui avait une conscience éminente du sujet. Je crois que quand il accorde l'indépendance à l'Algérie, alors que la bataille d'Alger a été gagnée, c'est pour des raisons de civilisation. Quand on lit *C'était de Gaulle*[14] de Peyrefitte, on voit très bien ce qu'il lui dit, à savoir que si on donne exactement les mêmes droits aux musulmans, ce n'est plus l'Algérie qui sera française, c'est la France qui sera algérienne. À ce moment, il fait un calcul démographique absolu.

[13] *Pif Gadget* : magazine pour la jeunesse fondé en 1969 et lié au Parti communiste français à sa création, il propose notamment des bandes dessinées de José Cabrero Arnal (1909-1982), l'inventeur de Pif le chien, et d'André Chéret (1937-2020), le créateur de Rahan.

[14] *C'était de Gaulle* : recueil de souvenirs de l'homme politique Alain Peyrefitte, publié en trois tomes entre 1994 et 2000, coéd. de Fallois/Fayard.

**MICHEL HOUELLEBECQ** : Le calcul est parfaitement exact, mais ça n'excuse ni ses mensonges ni ses crimes. Pour son comportement envers les harkis, de Gaulle méritait d'être fusillé. On n'abandonne pas ses troupes.

**MICHEL ONFRAY** : Je vous l'accorde, ils ne sont pas morts de manière agréable, les harkis, loin de là. Mais c'est la faute des Algériens, à qui le général de Gaulle venait justement d'accorder la souveraineté ! La France n'allait pas intervenir dans un pays désormais indépendant.

**MICHEL HOUELLEBECQ** : Un chef de guerre n'abandonne pas ses troupes.

**MICHEL ONFRAY** : Certes, mais un homme d'État se doit de respecter les États souverains. C'est sûr qu'on n'a pas eu affaire à des chefs dotés d'une grande fibre humaniste… Mais regardez ce que donnent les chefs d'État humanistes, comme le pape François. C'est encore pire ! Vous n'êtes pas tendre avec lui, d'ailleurs…

**MICHEL HOUELLEBECQ** : Un homme d'État, oui. Ce qu'on appelle un homme d'État est en général un homme politique particulièrement menteur et cynique. De Gaulle correspond bien à ce portrait. C'était un politique, pas un militaire, son costume de général n'était qu'une mascarade – réussie d'ailleurs. Le pape actuel, c'est vrai qu'il est médiocre, mais ce n'est quand même pas lui qui est à l'origine du déclin de l'Église. Geoffroy Lejeune[15] reproche en premier lieu à l'Église d'être devenue laide, d'avoir transformé la messe en une sorte de fête un peu scout, un peu bobo ; ce n'est pas faux. Il fut un temps où j'allais à la messe. Plus maintenant, j'ai arrêté. Mais quand j'y allais, pendant au moins cinq minutes, je croyais en Dieu. Surtout parce qu'il y avait la communion des fidèles et que je suis très sensible à l'émotion collective. Tout le monde s'aime, c'est super. Puis on retourne dans la rue, et c'est fini. Il y a une descente, un peu comme avec l'héroïne. C'est pour cette raison que j'ai aimé mes séjours dans des monastères ; on ne sortait jamais de cette ambiance de communion. Au fond des choses, je ne suis pas athée, mais authentiquement agnostique. Quand je regarde des émissions sur la cosmologie, je me dis que l'univers, quand même, ce n'est pas mal organisé. L'idée qu'il y a un plan derrière tout ça peut se défendre.

**MICHEL ONFRAY** : Un plan, oui, mais pourquoi y aurait-il un planificateur ?

**MICHEL HOUELLEBECQ** : On a du mal à imaginer un plan sans planificateur, c'est probablement un biais anthropomorphique dans le raisonnement. Mais ça pourrait effectivement être une construction mathématique pure, ce qui irait d'ailleurs dans le sens de mes croyances d'enfant.

**MICHEL ONFRAY** : Vous voulez dire dans le sens de *Pif le chien* et de l'astrophysique ?

**MICHEL HOUELLEBECQ** : Oui *(rires)*.

**MICHEL ONFRAY** : Pourquoi ne tranchez-vous pas sur l'existence de Dieu ?

**MICHEL HOUELLEBECQ** : Parce que l'état actuel de l'astrophysique m'empêche de trancher.

**MICHEL ONFRAY** : Pourtant, la métaphysique quantique nous apprend des choses… Pardon, je voulais dire « physique quantique » ! J'aime bien commettre ce lapsus, car je pense que la science peut nous permettre de résoudre la question de la foi.

**MICHEL HOUELLEBECQ** : Tant qu'on n'aura pas tranché entre le fait de savoir si l'univers va continuer de s'étendre à l'infini ou bien s'il va revenir en

[15] Geoffroy Lejeune (né en 1988) : journaliste, il dirige depuis 2016 la rédaction de *Valeurs actuelles*.

arrière, au point initial, et repartir, je serai agnostique. Ça me paraît un point important.

**MICHEL ONFRAY** : Pour moi, il n'y a aucun doute, Dieu n'existe pas. Mais il y a effectivement une force, qui procède de l'effondrement d'une étoile, et il y a le temps, qui est la vitesse de l'effondrement de cette étoile. D'ailleurs, on est en train de mesurer que cette vitesse s'accélère de quelques nanosecondes, ce qui suscite de nouvelles questions. Je pense que la métaphysique d'aujourd'hui, c'est ça : des points d'interrogation qui ne nécessitent pas qu'on aille voir du côté de Dieu pour avoir des réponses.

**MICHEL HOUELLEBECQ** : Oui, disons que l'objection de Voltaire ne marche pas chez vous.

**MICHEL ONFRAY** : Quelle objection ?

**MICHEL HOUELLEBECQ** : Selon laquelle il faut nécessairement un grand horloger.

**MICHEL ONFRAY** : Pour vous répondre, je distinguerai d'abord l'hypothèse d'un Dieu déiste et celle d'un dieu théiste. Le Dieu déiste se borne à créer le monde, tandis que le Dieu théiste s'occupe de tout. Après le tremblement de terre de Lisbonne, en 1755, Voltaire se demande pourquoi Dieu a voulu un tel désastre. Une réponse théiste à cette question, que l'on trouve notamment chez Camus, dans *La Peste*[16], c'est que les hommes paient le fait de n'être pas assez pieux. La réponse déiste, c'est que Dieu a créé la tectonique des plaques mais se moque complètement, depuis, de gérer les affaires courantes de la géologie planétaire. Voltaire choisit donc la réponse déiste. Et je ne suis pas voltairien à cet égard, mais plutôt comtien. Je veux dire que je souscris

[16] *La Peste* : roman de l'écrivain Albert Camus, éd. Gallimard, 1947.

assez à l'idée que seule la religion est capable de fédérer une civilisation, en proposant une transcendance ultime. Vous êtes vous-même, je sais, un grand lecteur d'Auguste Comte. Dans votre dernier roman, vous parlez d'ailleurs de cette nouvelle religion, étonnante, la wicca, un peu *new age*, une religion sociale, en somme.

**MICHEL HOUELLEBECQ** : C'est une tentative de mettre au goût du jour le paganisme, de se relier à la nature, de se sentir faire partie d'une chose vivante. Cette croyance joue un rôle positif pour mon héroïne, Prudence, qui retrouve ainsi son être femelle, ce qui n'était pas gagné au départ.

**MICHEL ONFRAY** : En vous lisant, j'ai eu l'impression que ça pouvait être la religion du transhumanisme. Car il faudra bien que le transhumanisme s'accompagne d'une transcendance, d'une spiritualité.

**MICHEL HOUELLEBECQ** : Pour moi, la sortie de l'âge métaphysique n'est pas possible. Auguste Comte a échoué. Il pensait y arriver en améliorant le niveau des prolétaires en mathématiques et en astronomie. Il y avait beaucoup de naïveté chez lui, c'est touchant.

**MICHEL ONFRAY** : Jean-Pierre Changeux, l'auteur de *L'Homme neuronal*[17], vous dirait qu'il n'a pas eu tort. Il vous dirait que si on entretient le fonctionnement de son cerveau, on peut passer de l'algèbre et des mathématiques à la philosophie. J'ai fait de la logique à l'université, cette matière me paraissait le degré supérieur de la philosophie. Disserter avec des données inconnues est un degré d'élaboration intellectuelle nettement plus avancé que de disserter avec de simples idées, qui restent assez rudimentaires. Je pense que la façon d'Auguste Comte de miser sur les mathématiques, comme Spinoza, du reste, c'est tout sauf naïf.

**MICHEL HOUELLEBECQ** : Je vais être vulgaire, mais pour réussir une religion, il faut être un peu plus commercial. Comme Bouddha, par exemple. Il y a un moment célèbre de sa vie, quelqu'un qui a écouté toutes ses interventions et vient lui dire : « Écoutez, ça ne va pas. Je ne suis pas content, parce que vous n'avez pas répondu à certaines questions. L'univers est-il éternel ou non ? L'univers a-t-il été créé ou non ? Y a-t-il une âme humaine ou non ? Est-elle immortelle ou non ? » S'ensuivent d'autres questions classiques. Bouddha lui répond : « Je n'ai jamais dit que je répondrais à ces questions et je n'y répondrai pas, parce qu'elles n'ont pas d'importance. » Voilà. Il congédie la métaphysique en une phrase. Lui, il savait que la plupart du temps, les gens s'en foutent, de la métaphysique, mais qu'ils cherchent désespérément à être heureux. Alors qu'Auguste Comte semble s'imaginer qu'il suffit de répondre aux besoins intellectuels de l'être humain. Mais non, il faut des cérémonies, des chants, des vêtements bizarres. Il faut de la chaleur. Il faut du bonheur.

**MICHEL ONFRAY** : Je comprends ce que vous dites. Kant a écrit 600 pages pour postuler la liberté, l'immortalité de l'âme et l'existence de Dieu. Mais, ce faisant, il a desséché sa religion en proposant en réalité un système totalement laïque. Car il n'y a pas forcément besoin de Dieu pour considérer autrui « jamais seulement comme un moyen, mais toujours en même temps comme une fin », pour reprendre sa fameuse formule. Cependant, le côté cérémonial ne suffit pas non plus, à mon avis. Quand Robespierre essaye d'instituer le culte de la Raison, il charge le peintre David d'imaginer les fêtes. Et c'est raté, moche, un peu confus, kitsch, on dirait du théâtre de rue. Bref, ce n'est pas à la portée de tout le monde de réinventer la messe. Si vous voulez lancer une religion, il faut cristalliser quelque chose avec le peuple. Il faut



[17] *L'Homme neuronal* : essai du neurobiologiste Jean-Pierre Changeux, éd. Fayard, 1983.

des héros et une histoire. Et il faut aussi un bras armé. Car Jésus, ça n'existe pas sans saint Paul et Constantin, sans la puissance de Rome, en somme. Le talent de Mahomet, en revanche, a été d'être un prophète capable de décapiter ses adversaires de ses propres mains.

**MICHEL HOUELLEBECQ** : Oui, mais la dimension la plus importante est la capacité de relier les gens, d'avoir l'impression d'une communauté. N'est-ce pas l'origine du mot « religion » ?

**MICHEL ONFRAY** : À mon avis, c'est une erreur de prétendre, dans l'esprit du concile Vatican II, que la religion serait étymologiquement un art de relier les hommes entre eux. Je pense au contraire qu'il faut privilégier une lecture verticale : la religion relie, certes, mais elle relie le bas et le haut, la cité immanente des hommes et celle transcendante de Dieu. C'est pour ça que, selon moi, la fête ne crée pas la foi, mais qu'au contraire, c'est la foi qui crée la fête. Lorsque les jacobins veulent absolument construire un nouveau sacré, ils pensent que de nouveaux rites suffiront à produire cet effet. Mais ça ne fonctionne pas. La foi, ça ne se décrète pas. Quand, il y a quelques mois, j'ai fait un séjour à l'abbaye de Lagrasse, dans le sud de la France, et que j'ai assisté à six heures du matin à une messe en latin, avec un superbe cérémonial, j'ai eu le sentiment d'un exercice patrimonial, de la conservation d'un rite vieux de 2000 ans, certes très émouvant, mais qui ne sauvera pas la foi. À l'inverse, si vous assistez à un office dans un temple protestant, où il m'est arrivé d'aller, hélas, pour des enterrements d'amis, vous avez effectivement une liturgie sans décorum, mais peut-être, sait-on jamais, avec davantage de présence divine.

**MICHEL HOUELLEBECQ** : Mais il y a aussi des religions sans Dieu, comme le bouddhisme…

**MICHEL ONFRAY** : Vous avez raison. La religion, c'est ce qui suppose qu'il existe un arrière-monde et que celui-ci donne sens au monde. En ce sens, je me sens plus proche des hommes préhistoriques que des théologiens de Vatican II. Des gens qui comprennent que le soleil se lève et se couche, qu'il y a des cycles quotidiens, annuels, lunaires, et d'autres encore ; qui se font une vision du monde qui est une vision du temps cyclique. Il m'est arrivé d'aller sur les traces de Bouddha, en Inde, et j'ai constaté qu'il y avait là-bas aussi comme une évidence de l'éternel retour.

**MICHEL HOUELLEBECQ** : Ce qui est intéressant, c'est que le bouddhisme ne propose pas d'arrêter le cycle, mais, si possible, d'en sortir pour rejoindre l'âme du monde dans un état de béatitude et de sérénité.

**MICHEL ONFRAY** : De sorte que même s'il n'y a pas Dieu, il y a quand même une transcendance, qui est la condition d'une religion. Et c'est ce qui lui procure son vitalisme. On parlait tout à l'heure de redémarrer la démographie, je pense que sans transcendance, on n'y arrive pas.

PAUSE

**MICHEL ONFRAY** : Je vous propose d'aborder un sujet qui fâche, l'Europe. Sur ce point, il me semble que nous sommes d'accord. Je suis contre l'Union européenne. Vous aussi, vous êtes contre toute Europe ?

**MICHEL HOUELLEBECQ** : Ah oui, complètement. Je suis contre depuis 1973.

**MICHEL ONFRAY** : On est donc jumeaux. Que s'est-il passé en 1973 ?

**MICHEL HOUELLEBECQ** : J'ai fait mon premier voyage à l'étranger – il faut dire qu'à l'époque, je ne sortais à peu près jamais de mon village – un séjour linguistique, en Allemagne, que j'ai adoré. Ça a été le début d'une histoire d'amour qui n'a pas cessé depuis, entre l'Allemagne et moi. Je ne suis pas hostile à l'Europe par nationalisme ou patriotisme. Au contraire, je me suis rendu compte, quand j'avais 15 ans, que l'Allemagne était incroyablement différente de la France. Tout était différent, les boissons étaient différentes, l'architecture était différente, les gens à quel point chaque pays était différent, à quel point c'était intéressant de voyager. J'ai compris alors que si on faisait l'Europe, toute cette diversité allait disparaître et serait remplacée par le modèle américain. D'ailleurs, dès mon premier voyage, j'ai constaté que l'Allemagne était un petit peu plus avancée dans la voie de l'américanisation. À l'époque, il n'y avait pas de McDonald's chez nous, j'en ai vu en Allemagne pour la première fois de ma vie. Et puis, les gens parlaient un peu plus anglais que les

ne mangeaient pas à la même heure, pas la même chose. C'était fascinant ! L'année suivante, grâce à un job d'été, j'ai pu m'acheter une carte Interrail. Pendant un mois, moyennant un forfait raisonnable, on pouvait voyager gratuitement sur toutes les lignes de train européennes. En quelques années, j'ai découvert l'Italie, l'Espagne, la Grèce. C'était merveilleux, à l'époque, de voir Français. Je me suis dit que si on faisait les États-Unis d'Europe, comme disait Victor Hugo, on aurait une espèce de magma international sans caractère. J'ai été d'emblée hostile au projet, pas du tout pour sauver la France, mais pour préserver la diversité des pays européens.

**MICHEL ONFRAY** : Donc pour sauver la France aussi.

**MICHEL HOUELLEBECQ** : Oui, bien sûr, je suis très conscient de ce que la France a de remarquable, de la beauté de ses paysages et de sa langue. Mais je trouve amusant de constater que mon premier mouvement anti-européen avait pour source la crainte que l'identité de l'Allemagne ne disparaisse.

**MICHEL ONFRAY** : Vous citez Victor Hugo et vous avez bien raison. Car contrairement à la plupart des gens, qui sautent comme des cabris en faisant de cette citation une belle aspiration à la paix et à la concorde, vous savez que si Victor Hugo veut unifier l'Europe, c'est pour aller foutre la pâtée aux Asiatiques et aux Africains. Leur amener les Lumières, de gré ou de force. C'est explicitement indiqué dans son fameux texte sur les États-Unis d'Europe, qui procède d'une logique belliciste et belliqueuse. Mais évidemment, les « maastrichiens » ne l'ont pas lu et disent que c'est formidable, l'Europe de Victor Hugo, alors qu'en réalité, il rêvait très précisément de fabriquer une hypernation pour aller détruire et civiliser le reste du monde.

**MICHEL HOUELLEBECQ** : À vrai dire, je savais que le projet insensé de la gauche, au XIXe siècle, était de répandre de force les Lumières sur le monde, mais je ne me souvenais pas que Victor Hugo était impliqué à ce point. Aujourd'hui, le boulot de l'Union européenne est plus modeste, car il reste autant de différences entre l'Italie et l'Allemagne qu'entre l'Arkansas et le Wisconsin. Répandre militairement la démocratie et les droits de l'homme, c'est le rôle des Américains, mais c'est vrai qu'ils nous demandent parfois de mettre la main à la poche. À chaque fois qu'ils essaient, ils échouent et ça finit par nous coûter cher. Cela dit, je ne me résigne pas à désespérer des Américains. Alors que je découvrais l'Europe grâce à ma carte Interrail, je remarquai, en discutant avec des étudiants américains friqués qui faisaient leur « tour d'Europe », comme ils étaient émerveillés par les différences esthétiques, culturelles, de modes de vie sur le continent européen. Ils n'avaient pas l'équivalent en Amérique. Tout cela est en train de disparaître, à jamais. C'est triste. L'Europe a-t-elle seulement favorisé les échanges entre les cultures ? Pas du tout. Un peu partout en Europe, on traduit de moins en moins de livres à partir d'autres langues que l'anglais. À l'opposé, au début du XIXe siècle, le romantisme né en Allemagne s'est répandu comme une traînée de poudre, en France et en Angleterre surtout. L'Europe véritable, celle qui a un sens et une valeur, fonctionnait beaucoup mieux avant l'Union européenne. Cela dit, un éventuel référendum sur le Frexit ne me réjouirait pas plus.

**MICHEL ONFRAY** : Ah oui ? Pourquoi ?

**MICHEL HOUELLEBECQ** : Parce que nous le perdrions. Bon, pour clarifier le débat, je commence par préciser que j'accepte le mot « souverainisme » par amitié pour les Québécois. Mais le vrai mot est « indépendantisme ».

**MICHEL ONFRAY** : Je suis d'accord.

**MICHEL HOUELLEBECQ** : Le problème, c'est que je crains que les Français ne craignent de prendre leur indépendance économique.

**MICHEL ONFRAY** : Parmi les contributeurs de *Front Populaire*, le grand économiste Jacques Sapir explique très bien que le Frexit est tout à fait faisable techniquement et que si on en a peur, c'est dû à un défaut de pédagogie.

**MICHEL HOUELLEBECQ** : On n'entend jamais ce discours en France.

**MICHEL ONFRAY** : Évidemment. Moi, par exemple, si je suis interdit de service public audiovisuel, je pense que c'est

**« THOMAS PESQUET NE FAIT PAS UNE PHRASE SANS DIRE “EUROPE”. »**

**MICHEL ONFRAY**

justement parce que je mets en cause le rôle du traité de Maastricht. On y reçoit Alain Finkielkraut ou Régis Debray, avec qui je partage de nombreuses analyses, et qui sont même parfois plus critiques que moi, notamment sur l'immigration ou sur l'islamisme. Mais tant qu'ils ne touchent pas à l'Europe, ce qui est leur droit le plus strict bien sûr, ils ne s'exposent pas au même ostracisme. À *Front Populaire*, nous avons carrément été traités de nazis quand nous avons lancé la revue. Dans *Marianne*, Jean-François Kahn[18] nous a comparés à Jacques Doriot…

**MICHEL HOUELLEBECQ** : Là, vous prenez un des plus cons ! Ce qu'il faut, c'est persuader les gens d'intelligence normale.

**MICHEL ONFRAY** : Pour cela, je crois à l'éducation populaire. C'est ce qu'on fait avec notre revue.

**MICHEL HOUELLEBECQ** : Si vous me permettez une suggestion, vous devriez davantage célébrer nos talents dans l'économie, en particulier dans les secteurs de pointe. Je vais prendre un exemple : les effets spéciaux de différents *blockbusters* américains, parmi les plus énormes, ont en grande partie été réalisés par des studios français.

**MICHEL ONFRAY** : Oui, il paraît qu'on est excellents. D'ailleurs, la famille de Walt Disney vient d'Isigny, en Normandie.

**MICHEL HOUELLEBECQ** : On est parmi les meilleurs, clairement au niveau des Américains. Bref, je compte sur vous pour, comment dire, insuffler aux Français une confiance dans leurs propres forces. Ce qui est dommage, c'est que le plus souvent, quand on parle de nos succès à l'export, on met en avant des gens comme Bernard Arnault, qui ne produisent que des objets inutiles, et même pas spécialement beaux. C'est vrai que quand on va dans un *mall* de luxe, à Hong-Kong par exemple, trois boutiques sur quatre sont françaises, la quatrième, italienne. C'est impressionnant. Mais je préférerais qu'on soit loués pour nos effets spéciaux. Alors oui, faites de la pédagogie économique ! Je regarde de temps en temps les chaînes d'info. On y voit trop de gens qui passent leur temps à nous déprécier et à nous dire que l'Allemagne fait tout mieux que nous.

**MICHEL ONFRAY** : Mélenchon a écrit un bouquin qui dit cela, *Le Hareng de Bismarck*[19], dont on a assez peu parlé et dont le titre est légèrement provocateur. On l'a présenté comme un texte xénophobe, mais il disait des choses très intéressantes.

**MICHEL HOUELLEBECQ** : Il est vrai que les Français ne sont pas en état de concurrencer les Allemands dans différents domaines : la mécanique de précision, l'optique, l'automobile… À vrai dire, la liste est longue, d'accord, mais nous ne sommes pas mauvais en tout. On l'avait prouvé avec le nucléaire. Jusqu'à ce que différents gouvernements décident, par peur des écologistes, de saborder le pays, on était les meilleurs. Je pense que le niveau des grandes écoles d'ingénieurs reste bon et que l'on pourrait encore reconstruire une



[18] Jean-François Kahn (né en 1938) : journaliste, il a créé *L'Événement du jeudi* en 1984 et *Marianne* en 2007.

[19] *Le Hareng de Bismarck* : essai de l'homme politique Jean-Luc Mélenchon, éd. Plon, 2015.

industrie nucléaire. Un autre domaine, c'est l'espace. On reste compétitifs dans le lancement de satellites, c'est loin d'être sans importance.

**MICHEL ONFRAY** : Oui mais Thomas Pesquet[20] ne fait pas une phrase sans dire « Europe ». Il a vraiment envie d'aller sur la Lune, d'être le premier Français à y poser les pieds et il nous dit que ce projet ne peut pas avoir lieu sans l'Europe. S'il le dit, ce doit être vrai. Autrement dit, là encore, la France a décroché. Et je ne suis pas certain qu'on soit encore capable de faire ce qu'on a fait jadis avec le TGV ou avec le Concorde. J'ai peur qu'on ne soit plus là, désormais, que pour fournir un appoint à ceux qui possèdent la technologie. C'est d'une grande tristesse. Je me souviens, un jour, je partais au boulot, en Normandie, et on m'a dit que le Concorde passait dans le ciel. Je n'ai rien vu, mais j'ai entendu. Un bruit incroyable ! Et trois heures plus tard, il était à New York. Mais voilà, les Français ont renoncé à être à la pointe. On a même renoncé au TGV. Je l'ai pris l'autre jour, la dame qui faisait le contrôle m'a dit qu'aucun Paris-Nîmes n'était arrivé à l'heure cet été. On a des transports en commun qui roulent à 300 à l'heure mais arrivent tous en retard ! Prenez le Shinkansen, le TGV japonais, il n'y a aucun problème, ça fonctionne. La technologie, ce n'est pas seulement la capacité à mettre au point des moyens de transport formidables. C'est aussi savoir les faire arriver à l'heure.

**MICHEL HOUELLEBECQ** : C'est vrai que les trains français sont devenus imprévisibles et qu'ils sont dégueulasses à l'intérieur, enfin, ça dépend des régions. Mais je pense qu'on peut rebooster, excusez cet anglicisme, la foi des Français dans leur technologie. Je pense surtout qu'il le faut. Il y a des domaines, aussi, dans lesquels nous avons davantage confiance en nous. On peut valoriser une production agricole de qualité. On a des atouts. On vend des choses non délocalisables, de la gastronomie, du tourisme. On n'a pas commis l'erreur des Espagnols, qui ont radicalement bétonné leurs côtes pendant la période franquiste. On a visé un tourisme culturel, sans en faire un tourisme élitaire pour autant.

**MICHEL ONFRAY** : Je ne partage pas votre enthousiasme. À mon sens, le tourisme culturel, c'est un nombre considérable de gens qui abîment le patrimoine avec leurs godasses, qui enlaidissent tout avec leurs perches à selfies. C'est du vandalisme populaire.

**MICHEL HOUELLEBECQ** : Moi, je n'ai rien contre les touristes.

**MICHEL ONFRAY** : Aujourd'hui, plus personne n'entre dans la grotte de Lascaux et c'est fort heureux. On devrait faire la même chose au Mont-Saint-Michel. Il faut repenser le tourisme. Je ne sais pas comment, je n'ai pas de solution, mais je me dis qu'on pourrait faire quelque chose, plus dans l'esprit d'André Malraux que de Jack Lang.

**MICHEL HOUELLEBECQ** : Vous êtes sévère. La France n'a pas joué la carte du tourisme de masse. On a adopté une stratégie plus artisanale, souvent plus chère aussi.

**MICHEL ONFRAY** : Je pense qu'on a une politique touristique consumériste et libérale. Quand je vois, au Louvre, la manière dont ça se passe... On est poussé par des centaines de gens, comme une matière fécale dans un transit intestinal. On avance, on avance, on rentre dans un truc, on ne peut rien voir, et on est éjecté d'un seul coup, paf, on sort du rectum et on retourne dans la ville. On se dit : « Mais il s'est passé quoi ? Ce n'est pas possible, on ne peut pas se contenter de ça. Plus jamais de la vie ! »

**MICHEL HOUELLEBECQ** : Sur le

[20] Thomas Pesquet (né en 1978) : spationaute, il est le dixième Français à avoir volé dans l'espace.

Louvre, je ne peux pas vous donner tort. Je fais souvent visiter Paris à des amis étrangers, il est effectivement impossible d'aller à la tour Eiffel et au Louvre. La place du Tertre et Notre-Dame sont aussi très difficiles. Mais il y a bien d'autres lieux, parmi les plus beaux, qui restent fréquentables. Le musée d'Orsay, c'est tout à fait possible. Il n'y a pas une queue monstrueuse et on peut circuler tranquillement à l'intérieur.

**MICHEL ONFRAY** : Pour revenir à l'Europe, je crois hélas que l'enjeu est autrement plus vital que la seule économie. L'Union européenne est une machine à broyer les nations, une machine de guerre américaine. Pour comprendre ce qui se joue, il faut remonter au président américain Woodrow Wilson qui, en 1920, a établi un projet de domination du monde. Puis, en 1944, les Américains ont, comme vous le savez, voulu s'imposer en France. Ils ont débarqué en Normandie, avec un projet d'occupation, qui se serait appuyé sur une administration, l'AMGOT, dotée de son école des cadres, à Charlottesville aux États-Unis, où l'on aurait recyclé le personnel de Vichy, apprécié à Washington pour son anticommunisme. Ils sont venus en pensant non seulement libérer l'Europe du nazisme, mais en s'imaginant qu'ils pouvaient en profiter pour aller jusqu'à Moscou. C'était ça, leur première théorie. Pour eux, la France, à ce moment-là, était une terre vassalisée. D'ailleurs, le débarquement du 6 juin avait pour nom de code *Overlord*, qui signifie « suzerain », on ne saurait mieux dire. Quelque temps après, mon père, qui était ouvrier agricole, s'est rendu à la gare près de chez lui, avec un charretier et des chevaux, et en est revenu avec un tracteur en morceaux et un mécanicien américain, venu spécialement pour l'aider à monter l'engin. C'était un McCormick, un produit du plan Marshall. On appelait cela « un Marshall ». À l'arrivée du tracteur dans le village, où l'on moissonnait avec des chevaux depuis toujours, un basculement de civilisation s'est opéré. Mon père, qui avait commencé sa vie en paysan virgilien, est devenu d'un coup un technicien américanisé. Ensuite, l'histoire a fait que, conférence de Yalta oblige, l'armée US n'est pas allée jusqu'à Moscou et que la vassalisation de la France a été empêchée par le général de Gaulle. Mais en 1992, à Maastricht, c'est très exactement le projet AMGOT qui a été repris. Jean Monnet, qui, comme on le sait, était payé par la CIA, a eu finalement gain de cause, à savoir une Europe destinée à servir de rouage dans la grande machine de l'État planétaire, cette machine appelée de ses vœux par des gens comme Jacques Attali, qui n'a pas écrit par hasard *Demain, qui gouvernera le monde ?*[21] Depuis un siècle, une bonne partie des élites américaines ont comme idée qu'elles gouverneront un jour le monde entier. À partir de 1983, Mitterrand, puis tous ceux qui lui ont succédé à l'Élysée ont tout fait pour les aider. Résultat, nous sommes effectivement gouvernés par une logique d'hypervassalisation. Or, je pense, un peu comme vous d'ailleurs, que la diversité c'est merveilleux, et qu'il faut se battre pour la variété des peuples et leur souveraineté.

**MICHEL HOUELLEBECQ** : Ce qui permet de ne pas totalement désespérer, c'est qu'il y a aussi un courant isolationniste aux États-Unis, qui n'aspire pas à s'occuper du reste du monde et qui prône le chacun chez soi. Ce courant a gagné la partie avec Donald Trump, mais déjà Barack Obama avait commencé à prendre le contrepied des néoconservateurs, Reagan et les Bush père et fils. Joe Biden n'est peut-être qu'une parenthèse. À cela, j'ajoute qu'il faut déconstruire, comme on dit à présent, l'argument massue selon lequel l'Union européenne serait un rempart contre la guerre. Les guerres



[21] Attali Jacques, *Demain, qui gouvernera le monde ?* éd. Fayard, 2011.

modernes sont parvenues à un trop grand niveau d'abomination par la conscription obligatoire, rapidement utilisée par des dirigeants de triste mémoire comme Napoléon, qui a été le premier à disposer d'une masse de chair à canon infinie. Enfin, j'insiste, mais ça continue de me paraître le point crucial : il faut que nous reprenions confiance dans notre économie. Si les Français ont accepté de renoncer à leur souveraineté monétaire, c'est parce qu'ils ont fini par croire qu'ils n'étaient pas un pays sérieux. Ils n'aiment pas l'Europe, mais ils ont peur de quitter l'euro tout simplement parce qu'ils manquent de confiance en eux. Ça se voit même chez Marine Le Pen, chez Zemmour également, comme chez Mélenchon.

**MICHEL ONFRAY** : À la dernière présidentielle, ils étaient tous « maastrichtiens ». C'est la raison pour laquelle je n'ai voté pour personne. Aucun candidat ne nous a dit : « On va prendre le problème à la base et recouvrer notre souveraineté. Après, seulement après, on pourra à nouveau faire de la politique. » Tant qu'on est dans l'UE, il n'est pas possible de décider de notre avenir. Emmanuel Macron l'a reconnu durant le débat d'entre-deux-tours, puisqu'il a dit à Marine Le Pen qu'elle ne pourrait pas appliquer son programme si elle était élue, que Bruxelles l'en empêcherait. Je crois, cher Michel, que le péril de l'Europe, c'est l'Allemagne, ce pays qui a toutes vos faveurs et qui est quand même un incroyable rouage de transmission de la machine américaine. Il est assez sidérant que les Allemands soient en train de se réarmer à la faveur du conflit en Ukraine et qu'ils achètent leurs avions aux États-Unis.

**MICHEL HOUELLEBECQ** : Oui, c'est vrai, ils s'en foutent complètement. On nous a fait une Europe allemande et cette Europe allemande, elle est américaine. Parmi les soutiens dociles des USA, il y a ceux qui ont des raisons légitimes de détester les Russes, comme les Polonais. Eux, on pourrait presque leur pardonner de se placer sous la tutelle des Américains. Et il faut reconnaître que Poutine leur a donné une raison supplémentaire en déclenchant une guerre qui massacre des civils. On pouvait comprendre son idée de reconstruire une Russie fidèle à ses valeurs, une alternative à l'Europe libérale, les slavophiles ne sont pas totalement absurdes. On pouvait excuser sa nostalgie de l'URSS, sa vo-

lonté d'en reprendre des petits bouts. Mais il a eu les yeux plus gros que le ventre, comme on disait jadis. Il aurait dû procéder comme pour la Crimée. Attaquer totalement l'Ukraine était d'une part inexcusable, d'autre part incompréhensible.

**MICHEL ONFRAY** : Il est possible qu'il ait un peu perdu la tête, ça n'est pas à exclure. Je pense qu'il ne voit plus le monde qu'avec les filtres de ses conseillers du Kremlin. Il doit y avoir une quinzaine de personnes qui l'entourent et qui ont dû lui promettre que les Ukrainiens accueilleraient les troupes russes à bras ouverts. Et ça ne s'est pas passé comme ça. Or, quand on est ce personnage-là, on ne fait pas marche arrière. On ne dit pas qu'on s'est trompé. On s'embourbe. Et, pire encore, si on contrôle suffisamment les médias, on peut faire croire pendant quelque temps à son peuple qu'on a réussi. Pour les Russes, il existait une autre façon d'affirmer leur différence, à la manière des Britanniques et du Brexit, par exemple. J'admire leur courage. Tout le monde prédisait l'Apocalypse, la fin de la City. C'était sans compter avec le mystère de la psychologie anglaise. Le Royaume-Uni, c'est le pays du dandysme, le pays de Brummell, le pays de la singularité personnelle. Pour le coup, je vais être un peu chauvin, mais c'est aussi le pays de Guillaume le Conquérant. Il y a chez les Normands une espèce de tradition d'indépendance : on dit « sire de soi » chez moi. En tout cas, leur littérature, leur philosophie sont singulières. Leur philosophie n'est pas européenne, ce n'est pas une philosophie qui singe la philosophie allemande. Quand vous lisez Locke ou Berkeley, c'est très original.

**MICHEL HOUELLEBECQ** : Ce que vous dites me fait penser aux Beatles et aux Rolling Stones. Pendant quelques années, du point de vue musical, les meilleurs groupes étaient anglais, pas américains.

**MICHEL ONFRAY** : Je préfère la musique répétitive américaine. Steve Reich, Philip Glass... La peinture aussi est très américaine depuis 1945. Certes, on a de grands peintres français, comme Soulages et Combas, que vous connaissez comme moi, mais ils ne sont pas reconnus mondialement, hélas ! Car ils ne sont pas défendus sur le terrain national. Bref, les Américains sont en train de prendre leur autonomie culturelle, de couper les ponts avec l'Europe. Un peu comme avec la question du transhumanisme. Et c'est ainsi qu'ils sont en train de lancer un mouvement de destruction du livre, de disparition des librairies et des bibliothèques. Les États-Unis se barbarisent.

**MICHEL HOUELLEBECQ** : Moi, j'apprécie les blockbusters. J'ai bien aimé *Matrix*[22] et *Le Seigneur des anneaux*. Je trouvais que c'était brillant et techniquement parfait.

**MICHEL ONFRAY** : Mais quel est le message ?

**MICHEL HOUELLEBECQ** : Je n'ai presque rien compris à *Matrix*. Mais *Le Seigneur des anneaux*[23] est très fidèle à l'esprit de Tolkien. Il y a une exaltation des valeurs du Moyen Âge, de la chevalerie, de la fidélité. *Star Wars*[24] aussi, c'est très réussi, en plus fun, plus second degré. Cela dit, dans certains domaines du divertissement, les Français continuent d'être assez bons, par exemple dans le roman policier. Il y a une véritable école française, depuis longtemps, meilleure à mon avis que les polars américains.

**MICHEL ONFRAY** : Un soir, à Caen, où nous nous sommes retrouvés vous et moi, nous avons eu une discussion qui m'a passionné sur la littérature américaine, que je ne connais pas. Et vous m'avez dit que les romans de science-fiction étaient devenus brillants aux USA après Hiroshima.

[22] *Matrix* : film des cinéastes américains Larry et Andy Wachowski, sorti en 1999

[23] *Le Seigneur des anneaux* : série de trois films du cinéaste néo-zélandais Peter Jackson, sortis entre 2001 et 2003 sous le titre original *The Lord of the Rings* et inspirés du roman en trois volumes de l'écrivain britannique J.R.R. Tolkien, parus sous le même titre entre 1954 et 1955.

[24] *Star Wars* : univers de science-fiction inventé par le cinéaste américain George Lucas à partir de 1977.

**MICHEL HOUELLEBECQ** : Oui, tous les auteurs ont été tétanisés par ce constat que le progrès technique, ça pouvait aussi être ça, cette chose monstrueuse. Avant, la science-fiction était une littérature optimiste. C'est devenu une littérature complexe, parfois grinçante, parfois malsaine, les dystopies se sont multipliées. Il y a eu deux ou trois décennies géniales. Le début du déclin de la science-fiction est plus confus. Je dirais que c'est mort à peu près en même temps que le rock. Pour des raisons sans doute proches, l'élan d'imagination s'est brisé, d'un seul coup. Cela a sans doute été la dernière période où l'Occident a eu du génie. Il y a eu des groupes de rock immenses, on le sait. Il y a eu des auteurs de science-fiction immenses, on le sait moins. Si j'avais plusieurs vies, j'en consacrerais une à republier certains textes de science-fiction, devenus introuvables. Aujourd'hui, il y a pas mal d'auteurs chinois, ou d'origine chinoise.

**MICHEL ONFRAY** : Intéressants ou non ?

**MICHEL HOUELLEBECQ** : Oui, avec eux, peut-être que la science-fiction peut retrouver son rôle. Ils font des conjectures intellectuelles, des projections, des hypothèses. La science-fiction essaie de voir ce qui va se passer dans tous les domaines, y compris sociologique. Elle peut par exemple inventer des mondes qui reposent sur de nouvelles structures familiales, elle ne se base pas uniquement sur les évolutions techniques.

**MICHEL ONFRAY** : Pour vous, Barjavel[25] est-il un grand auteur de science-fiction ?

**MICHEL HOUELLEBECQ** : C'est pas mal, de temps en temps, mais il a moins d'ampleur que les Américains. Pour mieux expliquer ce que j'entends par ampleur, j'aimerais parler d'un des livres qui m'a le plus frappé dans ma vie, c'est *Demain les chiens*[26], de Clifford D. Simak, une succession de contes censés être écrits dans un futur très lointain par des auteurs canins, des chiens. Au début de chaque conte, il y a une espèce de commentaire littéraire, philologique même, où des historiens de la littérature canine posent la question de savoir si l'homme a existé ou si c'est une créature mythique inventée par les chiens pour expliquer le mystère de leurs origines. La plupart des savants canins pensent que l'homme est une légende, mais il y a des dissidents, qui relèvent des détails troublants pouvant laisser penser que l'humanité a bel et bien existé. Envisager l'humanité comme une hypothèse m'avait fasciné. J'y ai repensé plus tard, en lisant Kant et son exigence d'édifier une morale valable « pour toute créature raisonnable, et pas seulement dans les conditions contingentes de l'humanité ».

**MICHEL ONFRAY** : *Soumission* est-il un livre de science-fiction ?

**MICHEL HOUELLEBECQ** : Oh non ! C'est de l'anticipation modérée.

**MICHEL ONFRAY** : L'anticipation à court terme, c'est un courant ?

**MICHEL HOUELLEBECQ** : Oui, vous avez des romans qui décrivent des programmes TV qui font penser à *Loft Story* en plus trash et d'autres plus sombres, avec des jeux du cirque télévisés, des morts réelles.

**MICHEL ONFRAY** : Dans *Soumission*, vous indiquiez une date…

**MICHEL HOUELLEBECQ** : Le livre est sorti en 2015 et l'histoire se déroule en 2022. Comme prophète, j'ai toujours trouvé que j'étais surévalué. Je me suis trompé, puisque nous n'avons pas élu au printemps dernier un président de la République musulman modéré.

[25] René Barjavel (1911-1985) : auteur de littérature d'anticipation, a notamment inventé le « paradoxe du grand-père » dans son roman *Le Voyageur imprudent*, éd. Denoël, 1944.

[26] *Demain les chiens* : recueil de nouvelles de l'écrivain américain Clifford D. Simak, publié en 1952 sous le titre original *City* et traduit la même année, éd. Club français du livre.

Je peux seulement me féliciter sur un point mineur du livre : j'avais deviné que l'Université serait un des premiers lieux de la collaboration avec l'islamisme. Ce n'était pas évident, à l'époque, le mouvement *woke* n'existait pas en France. Et je m'étais surtout documenté sur d'autres points : comment fait-on, quand on est universitaire, pour monter en grade ? Si l'on est ambitieux, quelles sont les bonnes stratégies ? Je crois que la seule chose, en réalité, c'est que j'ai un peu traîné dans le hall d'entrée de la faculté de Censier, et là, j'ai repéré quelques indices. Une espèce de tract pour protester contre la venue d'un universitaire israélien. Davantage de filles voilées que dehors. Quand même, je me suis basé sur pas grand-chose pour arriver à la conclusion que les collabos seraient nombreux à l'Université, ce qui s'est amplement vérifié. Par contre, je n'avais pas prévu que la fraction radicale de l'islam l'emporterait aussi facilement. Ça m'a vraiment étonné et m'a même fait changer d'avis sur un point important : j'ai longtemps pensé et dit que je n'étais pas réactionnaire et ce pour une raison simple, je ne croyais pas à un retour en arrière possible, et je ne pense pas qu'on puisse réellement souhaiter ce qu'on croit impossible. Eh bien, les succès des salafistes, celui des talibans comme celui plus éphémère de Daesh, m'ont prouvé qu'un retour en arrière est possible. Les talibans ont réussi à revenir au VII<sup>e</sup> siècle, alors que les réactionnaires les plus extrêmes du monde occidental proposent de revenir au XIII<sup>e</sup> siècle. Alors je me dis, même si c'est très peu probable, qu'il n'est pas absolument impossible qu'un régime théocratique voie le jour dans un cadre catholique. Et, pour le dire franchement, s'il doit y avoir un régime théocratique, je préfère qu'il soit catholique.

**MICHEL ONFRAY** : Vous pensez qu'un retour en bonne santé du catholicisme est une éventualité ? Pour moi, c'est vraiment impossible. Cela dit, vous avez raison s'agissant du retour de l'islamisme sur le devant de la scène. Même si je ne crois pas que ce phénomène soit si puissant. Je veux dire qu'il ne s'agit que d'une réaction à la puissance américaine, une réaction certes dangereuse, criminelle, condamnable, mais cela suffit-il à asseoir une civilisation ? Je pense que l'arrivée au pouvoir des islamistes en Iran fut une réponse à la domination impérialiste planétaire des États-Unis. Quand l'ayatollah Khomeiny quitte Neauphle-le-Château et qu'il arrive à Téhéran, Michel Foucault[27] écrit dans le *Corriere della sera* que c'est le retour de la spiritualité dans la politique. Mais quelle spiritualité ? Quelle pauvreté ! Ça n'aurait pas marché s'il n'y avait eu la cristallisation avec un ennemi, les États-Unis, l'Occident et les exploiteurs, les sionistes, Israël, etc. C'est dans ce sens-là aussi qu'il faut voir l'islamo-gauchisme, si populaire aujourd'hui, vous avez raison, à l'Université, qui a pour racines la haine des juifs et du capital. J'en profite pour saluer ici votre défense absolue d'Israël, qui est ma position aussi. Je pense qu'Israël est un fait de civilisation. Et que la solution n'est pas dans un retour au christianisme, mais qu'elle se trouve plutôt, éventuellement, dans un regard que nous pourrions porter sur Israël en disant : « Prenons exemple sur ce peuple qui s'aime, qui se défend et qui perpétue son identité. » Comme je le disais tout à l'heure, une civilisation a besoin de transcendance. Et celle-ci ne se décrète pas. Mais si on s'adresse aux passions, aux pulsions, aux instincts, alors on peut conduire et guider les gens.

**MICHEL HOUELLEBECQ** : L'islamisme réussit à faire croire que si on meurt pour la cause, on ira au paradis, un paradis peuplé de vierges ravissantes et arrosé de fleuves d'eau fraîche.

[27]Michel Foucault (1926-1984) : philosophe, il a notamment critiqué de façon radicale le système carcéral occidental dans son essai *Surveiller et Punir*, éd. Gallimard, 1975.

## « C'EST PLUS FACILE DE CONDUIRE LES PEUPLES AVEC LA HAINE QU'AVEC UN DISCOURS SUR LA GRÂCE. »

MICHEL HOUELLEBECQ

**MICHEL ONFRAY** : C'est certain, ils savent motiver les gens qui vont se faire sauter au milieu d'une foule ou qui égorgent le père Hamel. Ils savent donner une raison de mourir et de faire mourir.

**MICHEL HOUELLEBECQ** : Oui, mais une raison de vivre aussi.

**MICHEL ONFRAY** : Pas si sûr. Regardez tous ces gamins dans les banlieues islamisées. Ils fument du shit, boivent de l'alcool. L'islamisme n'est pas parvenu à donner un sens à leur vie. Je crois que le christianisme ne le peut pas non plus, même celui prôné par ceux qu'on appelle les intégristes, qui sont des gens que je côtoie comme vous, d'une part parce qu'ils ont de la culture et de l'intelligence, mais aussi parce que je leur trouve beaucoup de courage. Chaque fois que j'ai eu des discussions avec des prêtres traditionalistes, j'ai constaté qu'ils étaient très affutés en théologie, ontologie, voire en philosophie au sens large du terme, notamment sur la question de la phénoménologie. Et il faut dire qu'ils font tout ce qu'il faut pour ne pas se faire aimer, en disant notamment, contrairement au pape François, que l'islam, ce n'est pas formidable. Quand je pense que ce pape jésuite a pris le nom du fondateur des Franciscains... Quand je revois ces images où on le voit présenter un gilet de sauvetage comme un nouveau crucifix... Quel abyme par rapport à son prédécesseur, Benoît XVI, qui était un grand théologien.

**MICHEL HOUELLEBECQ** : C'est vrai, ils sont plutôt haut de gamme, les prêtres traditionalistes. Mais c'est plus facile de conduire les peuples avec la haine qu'avec un discours sur la grâce.

**MICHEL ONFRAY** : Je dirais plutôt que le christianisme a perdu de son incandescence quand le théisme est devenu déisme avec Descartes, que nous avons commencé à faire avancer la raison, que nous sommes allés chercher des auteurs de l'Antiquité. Face à cela, les traditionalistes se sont réfugiés dans un espace cérébral, mais pas politique, vous avez raison. Si bien que personne n'imagine Geoffroy Lejeune prendre la tête d'une reconquête de façon militaire. C'est une plaisanterie, bien sûr... Pour dire les choses plus sérieusement, je reviens à mon séjour à l'abbaye de Lagrasse. Là-bas, un des moines m'a dit : « Mon métier, c'est la prière. » C'est très beau. Mais c'est oublier que saint Paul est représenté avec une épée dans toute la peinture occidentale, et ce n'est pas un hasard. Marx a raison lorsqu'il dit que la violence est la grande accoucheuse de l'Histoire. Ce que nos démocraties effondrées ont totalement oublié. Aujourd'hui, en Occident, il ne faut surtout pas que le sang coule. Si jamais un militaire saute sur une mine au Mali, on hurle à la catastrophe nationale et on enterre le défunt comme un homme d'État. Nous n'acceptons plus du tout l'idée qu'il y ait des milliers de morts en une seule journée, comme pendant la guerre de 14-18. Mais les civilisations qui ne sont plus prêtes à cela sont mortes. Pour qu'elles vivent, il faut des citoyens prêts à tous les sacrifices pour elles, comme Arnaud Beltrame, un grand personnage, selon moi, mort en chrétien. Cet homme a été formidable, mais ne nous illusionnons pas, nous n'avons pas des troupes assez nombreuses qui permettraient une reconquête. On a juste quelques intellectuels qui pensent qu'il faut revenir à la messe en latin. Des gens très estimables du reste, qui nous disent, comme Chantal Delsol, que le christianisme décadent permet de revenir au christianisme des origines, à une époque où, en gros, on était quelques-uns dans les catacombes. Mais si l'avenir du christianisme, c'est son passé le plus ancien, alors c'est vraiment terminé.

**MICHEL HOUELLEBECQ** : Quand la Reconquista, modèle de la reconquête, a débuté, l'Espagne était sous domination musulmane. On n'est pas encore dans cette situation. Ce qu'on peut déjà constater, c'est que des gens s'arment. Ils se procurent des fusils, prennent des cours dans les stands de tir. Et ce ne sont pas des têtes brûlées. Quand des territoires entiers seront sous contrôle islamiste, je pense que des actes de résistance auront lieu. Il y aura des attentats et des fusillades dans des mosquées, dans des cafés fréquentés par les musulmans, bref des Bataclan à l'envers. Et les musulmans ne se contenteront pas de mettre des bougies et des bouquets de fleurs. Alors, oui, les choses peuvent aller assez vite. Une des choses les plus remarquables parmi les réactions à la « Lettre des généraux[28] » est la proportion de Français qui s'attendent à une guerre civile dans un futur proche.

**MICHEL ONFRAY** : On a démarré sur la « Lettre des généraux », c'est

[28] La « Lettre des généraux » est une pétition publiée le 21/04/2021 par *Valeurs actuelles* sous le titre original : « Pour un retour à l'honneur de nos gouvernants ». Rédigée par Jean-Pierre Fabre-Bernadac, ancien officier de carrière et animateur du site web Place d'armes, le texte a reçu la signature d'une vingtaine de généraux en retraite, d'une centaine de hauts gradés et plus d'un millier d'autres militaires. L'auteur s'y inquiète de la montée de l'islamisme et de la délinquance dans les banlieues. Il invite le personnel politique à prendre des mesures drastiques pour éviter le risque, très probable selon lui, d'une guerre civile en France.

peut-être ce qui nous séparera. Parce que vous, vous pensez que la guerre civile est à venir. Moi, je pense qu'elle est déjà là, à bas bruit. Tous les jours, des gens se font tabasser, rouler dessus par des scooters. Avec des bandes de six ou sept gamins qui agressent à coups de marteau. Je tire mon chapeau à cette grand-mère de 80 ans, qui a été épatante cet été en blessant un de ses assaillants avec son petit Opinel. Je pense que nous allons vers la horde primitive, avec des mâles dominants, qui, contrairement à ce que pense madame Rousseau, ne font pas des barbecues mais font régner la loi de la jungle dans les banlieues en asservissant les femmes, les enfants et les anciens. Le problème, c'est que cet état de violence dans lequel nous nous trouvons n'est pas reconnu par le président de la République. L'existence de territoires perdus, pour reprendre l'expression de Georges Bensoussan[29], n'est pas admise en haut lieu. Julien Freund[30], un philosophe politique très intéressant et qu'on lit assez peu, définissait la souveraineté comme la possibilité de décider qui est l'ennemi. C'est très vrai. Mais on lui a rétorqué, de façon valable, que, bien souvent, ce sont les ennemis qui nous choisissent. De fait, le politique se doit de traiter le cas des gens qui ont décidé qu'ils étaient nos ennemis. Macron, lui, a décidé qu'à nos ennemis, on leur dirait à chaque fois « merci », « s'il vous plaît », « pardon »... Alors qu'une démocratie en forme est une démocratie qui ne s'interdit pas d'employer la violence, qui ne se laisse pas faire. Il y a un bouquin intéressant de Jean-François Revel, *Comment les démocraties finissent*[31]. Je l'ai lu il y a très longtemps, peut-être une vingtaine d'années, j'avais trouvé ça un peu radical. Mais je me dis à présent qu'il avait vu juste en postulant que les démocraties se mettent en danger de mort dès lors qu'elles estiment qu'il faut garder le sourire quand on se fait insulter, piétiner, massacrer. Et nous y sommes. On assiste au retour de ceux qui veulent l'homme nouveau, qui aspirent à la « régénération », mot qui existait déjà pendant la Révolution française. Ils sont à Europe Écologie-Les Verts, à la NUPES, et ils nous disent qu'il faut rester désarmé. Avec des gens comme ça, la France est à prendre et je pense qu'il faut peu de chose pour qu'on puisse dire qu'elle est tombée.

**MICHEL HOUELLEBECQ** : La population peut quand même parfois se mettre en colère. Prenez les Gilets jaunes.

**MICHEL ONFRAY** : C'était une colère polie. Se mettre en colère contre l'islamisme, ça me paraît peu vraisemblable, malheureusement. Les hommes préfèrent vivre soumis plutôt que mourir libres et triomphants. Regardez, à chaque fois que des gens se font agresser, ils baissent la tête. Et les personnes autour s'en vont, n'interviennent pas. C'est humain. D'autant que les tenants d'une certaine gauche s'en viennent vous dire que la police tue. Ils prétendent que ceux qui sont censés empêcher la violence seraient à l'origine de la violence. Quelle honte ! Moi, je fais confiance à nos soldats, à nos policiers et à nos gendarmes. Et je suis scandalisé qu'on ne leur donne pas assez de moyens. Je suis outré par ces préfets qui préfèrent ne pas faire de vagues quand il y a un délit de fuite et font verbaliser les grands-mères ayant oublié de remplir leur attestation de sortie pendant le Covid.

**MICHEL HOUELLEBECQ** : Vous avez raison et Revel a raison, la lâcheté est répandue. Je me suis longtemps demandé ce qui se passerait quand les intersectionnalistes se retrouveraient face à leur contradiction la plus flagrante, l'opposition frontale entre l'islam et le féminisme. Eh bien, j'ai vu. L'affaire des viols de Cologne m'a

[29] Georges Bensoussan (né en 1952) : historien, il a notamment alerté sur la résurgence de l'antisémitisme dans les banlieues françaises dans son enquête *Les Territoires perdus de la République*, éd. Mille et Une Nuits, 2002.

[30] Julien Freund (1921-1993), résistant et philosophe, il a souligné l'importance en politique des processus de décision et d'action, notamment dans sa thèse de doctorat : *L'Essence du politique*, éd Sirez, 1965.

[31] *Comment les démocraties finissent* : essai du journaliste Jean-François Revel (1924-2006), éd. Grasset, 1983.

ouvert les yeux. En cas de difficultés avec l'islam ou même, simplement, avec l'immigration, les féministes s'écrasent, pour ne pas employer de terme plus déplaisant. Les féministes occidentales ne sont pas si dangereuses que ça, elles sont aussi lâches que les hommes occidentaux, tout aussi prêtes à se soumettre.

**MICHEL ONFRAY** : Et oui, puisque le gauchisme a une logique imparable sur le papier. Après ce qui s'est passé à Cologne, Houria Bouteldja[32] et quelques autres nous ont fait savoir que les Arabo-musulmans, c'est l'expression utilisée, les Arabo-musulmans ont violé des femmes blanches, mais qu'en même temps, ils ont été privés de leur dignité pendant des années par le colonialisme, si bien qu'ils sont en réalité des victimes. Pour les gauchistes, les violeurs sont des victimes du privilège blanc. Grâce au raisonnement sartrien sur la contre-violence, grâce à Frantz Fanon[33], ils ont l'idéologie pour justifier ce genre de choses. C'est le discours victimaire, qui consiste à dire qu'un Blanc a toujours tort parce qu'il est descendant de Blancs qui étaient des génocidaires. Et qu'une personne de couleur a toujours raison parce qu'elle descend de personnes de couleur colonisées ou esclavagisées. J'ai vu en Martinique des ouvrages terribles qui, la psychanalyse aidant, nous expliquent que le traumatisme de 1492 est encore porté par les gens de couleur.

**MICHEL HOUELLEBECQ** : Le gauchisme, je n'y crois qu'à moitié. J'ai toujours eu du mal à prendre la chose au sérieux. Je l'envisage comme ce qui se produit depuis très longtemps, disons depuis 1945, à savoir une imitation servile de tout ce qui se fait aux États-Unis. Un peu comme une mode que les gens suivraient sans y croire. Et je pense qu'il suffirait que les États-Unis changent pour qu'on change nous aussi. Les Américains je les aime bien, bizarrement. Mais il faut reconnaître qu'ils sont psychologiquement instables, voire carrément névrosés. Il n'y a qu'à voir la vitesse avec laquelle Trump est devenu leur Président. Cette rapidité de parcours ne pourrait avoir lieu dans aucun pays européen, et surtout pas en France. Les Français sont lents. J'ai été frappé par la fin de *White*[34], le dernier livre de Bret Easton Ellis, qui raconte ce à quoi il a assisté lors de l'arrivée au pouvoir de Trump. Ses amis sont presque tous des juifs libéraux de gauche. Ils ont adopté des comportements bizarres. Pendant quelques dizaines de pages, l'auteur essaye de qualifier leur comportement et il finit par se résigner à utiliser le seul mot qui convienne : en fait, ils sont devenus fous. Ils ont réellement cru qu'ils étaient physiquement menacés par l'administration Trump. Beaucoup se sont réfugiés en Europe. Ils sont tous riches, alors ils sont allés dans le Lubéron ou en Toscane. Un comportement aussi névrotique ne peut exister qu'aux États-Unis d'Amérique. Moi, j'avais cru bêtement, au moment de l'élection d'Obama, qu'une réconciliation allait se produire entre les Blancs et les Noirs. Alors que c'est exactement l'inverse qui s'est produit, tout s'est aggravé. Tout est devenu plus violent et plus imprévisible. Donc, je ne parierais rien sur ce que penseront les Américains dans dix ans. Il se peut que le mouvement *woke* disparaisse en quelques semaines. Et nous sommes complètement à la remorque des États-Unis. Complètement. On ne peut pas lutter contre ce qui vient d'Amérique. On n'est pas mentalement armés pour ça. Ce qui m'amène à cette conclusion désolante : notre seule chance de survie serait que le suprémacisme blanc devienne *trendy* aux USA.

**MICHEL ONFRAY** : Cela pourrait changer si nous sortions de l'Union européenne et de l'OTAN.

[32] Houria Bouteldja (née en 1973) : militante indigéniste, elle a notamment fait l'éloge du régime islamique iranien dans son essai *Les Blancs, les juifs et nous*, éd. La Fabrique, 2016.

[33] Frantz Fanon (1925-1961), psychiatre, il a milité pour la décolonisation, notamment dans son essai *Les Damnés de la terre*, éd. Maspero, 1961.

[34] *White* : essai de l'écrivain américain contemporain Bret Easton Ellis (né en 1964) publié en 2019 à New York et traduit la même année, éd. Robert Laffont.

**MICHEL HOUELLEBECQ** : Oui, peut-être, encore que les modes intellectuelles résistent parfois aux évolutions politiques. De toute façon, vous le savez, je considère cette sortie comme souhaitable, pour à peu près toutes les raisons imaginables. Malheureusement, pour l'instant, aux idioties des *woke*, nous n'avons à opposer que les niaiseries de l'assimilation. En France, la minorité ethnique étrangère la plus appréciée, et de loin, est asiatique. Et elle a également été, pendant des décennies, la moins assimilée, et de loin. J'ai longtemps habité dans le quartier asiatique de Paris, dans le XIIIe arrondissement. Dans ma tour, il n'y avait à peu près aucun Chinois de plus de 50 ans qui parlait français. Ils étaient pourtant là depuis trente ans, mais ils n'avaient pas appris. Ils vivaient dans un monde parallèle, avec son économie parallèle. Pour les liaisons avec l'administration, quelqu'un parlait français au sein du groupe et s'en chargeait pour les autres. Il existe encore des sites web en chinois, que les Français ne connaissent pas, où l'on peut trouver à peu près tout : des électriciens, des chauffeurs de taxi, des prostituées... Bref, ils n'étaient aucunement assimilés et ça se passait très bien, pour une seule et très bonne raison : il y avait moins de délinquants chinois que de délinquants français du même âge. Beaucoup moins. Je crois que le souhait de la population française de souche, comme on dit, ce n'est pas que les musulmans s'assimilent, mais qu'ils cessent de les voler et de les agresser, en somme que leur violence diminue, qu'ils respectent la loi et les gens. Ou bien, autre bonne solution, qu'ils s'en aillent.

**MICHEL ONFRAY** : En somme, vous donnez raison à Huntington[35]. Quand il s'agit de brasser des populations occidentales, il n'y a aucun problème. Mais le problème se pose avec des gens dont la civilisation est différente. Vous avez aussi les relations de la France avec certains pays. On a colonisé le Vietnam et, en même temps, il n'y a aucun souci avec les Vietnamiens qui vivent en France, car, pour la plupart, ils ont fui le régime communiste. Alors qu'il y a un problème avec nombre d'Algériens qui, eux, ne sont pas des dissidents du régime d'Alger et sont influencés par l'hostilité toujours très forte de l'Algérie à notre égard. Quand on va à Alger et qu'on allume la télé, on a l'impression que la guerre d'Algérie n'est pas finie.

**MICHEL HOUELLEBECQ** : Je crois malheureusement que c'est plus profond. Je vais dire quelque chose de désagréable, mais je constate qu'on n'a pas de problème avec les gens qui se sentent supérieurs à nous, comme les Asiatiques. Mais nombre d'Algériens se sentent inférieurs, parce qu'on les a toujours considérés comme inférieurs. C'est peut-être là, le vrai péché originel de la colonisation : cette prétention absurde de la gauche – vous avez cité Victor Hugo – de vouloir apporter au monde entier, de gré ou de force, les « Lumières », les « droits de l'homme », enfin toutes ces créations occidentales qui sont, en effet, le reste du monde a raison, discutables. Et le pire, c'est qu'on continue avec la laïcité, à laquelle nous avons de plus cessé de croire. C'est absurde : on ne peut combattre une croyance forte qu'avec une autre croyance forte, c'est-à-dire une autre religion. Mais imposer la laïcité, croyance faible, à des musulmans, ça ne peut pas fonctionner. Si on ne dispose pas, dans son stock culturel, d'une religion dans sa phase agressive, la seule solution est de vivre côte à côte, d'essayer d'atteindre une relative indifférence mutuelle, qui peut permettre une coexistence sans conflit. Cela s'est souvent vu dans l'Histoire. L'indifférence est le plus sûr moyen de pratiquer la tolérance, et l'ignorance favorise une calme indifférence, mieux se connaître ne conduit

[35]Samuel Huntington (1927-2008) : politologue américain, il a notamment défendu une vision géopolitique du monde reposant sur des clivages culturels dans son essai *Le Choc des civilisations*, publié en 1996 sous le titre original *The Clash of Civilizations*, et traduit en français l'année suivante, éd. Odile Jacob.

pas forcément à s'aimer davantage. Là aussi, les musulmans pourraient prendre exemple sur les Chinois : les Français en général ne savent pas quelle est leur religion, ni même s'ils en ont une, du point de vue discrétion on ne peut faire mieux. Dans ces conditions, ça pourrait peut-être tenir quelque temps. Mais il faut reconnaître qu'on n'en prend pas le chemin et que pour de nombreux musulmans, la meilleure solution, à l'heure actuelle, est sans doute le retour. J'ai vécu des années en Irlande, mon dernier voisin là-bas était un Pakistanais. D'un naturel aventureux, il était probablement un des seuls Pakistanais à avoir atteint l'ouest de l'Irlande. C'était également un homme pieux et un excellent cuisinier, enfin, une personnalité à multiples facettes. Je pense qu'il était ce qu'on appelle salafiste, mais certainement pas djihadiste, les attentats du 11 Septembre l'avaient horrifié. Il était en train de prendre conscience d'un vrai problème : ses deux filles grandissaient et promettaient de ressembler à leur mère, qui était superbe. En bref, il avait peur pour la vertu de ses filles. Il avait raison d'avoir peur.

**MICHEL ONFRAY** : Oui, on peut comprendre que des musulmans aient des réserves sur les mœurs occidentales. On leur dit que leurs filles vont s'épanouir en se mettant sur le marché du sexe, en étant possédées comme des choses, en montrant leur corps comme dans les publicités. « Si c'est ça, le féminisme, nous on n'est pas féministes, répondent-ils. Nous, nous avons des femmes qui sont respectées. C'est d'ailleurs pourquoi elles se cachent les cheveux avec un voile, etc. » J'entends qu'ils puissent dire que Simone de Beauvoir n'est pas l'horizon indépassable de la condition féminine. J'entends qu'ils nous disent : « Vous pensez que le Coran est misogyne, mais c'est parce que vous le pensez à partir de vos catégories occidentales. À partir des catégories musulmanes, le Coran n'est pas misogyne, il donne au contraire à la femme une dignité que l'Occident ne lui donne pas. » J'entends tout cela, même si, bien sûr, je n'y souscris pas.

**MICHEL HOUELLEBECQ** : Patrick Buisson[36] semble davantage y souscrire. J'avais été frappé par la déclaration où il affirmait « éprouver davantage de respect pour une femme voilée que pour une Lolita en string ». Les Lolita en string, à mon avis, sont surtout dans sa tête – ce n'est pas un reproche. Quoi qu'il en soit, nos priorités morales sont différentes. Moi, c'est plutôt l'euthanasie, vous l'aurez noté. Mais, même si l'Occident a tendance à se désexualiser en ce moment, pour un musulman sérieux c'est encore trop, et mon voisin pakistanais était en effet mal barré. Le problème, c'est que s'il rentrait au Pakistan, il avait trente-six cousins qui allaient lui sauter dessus pour profiter de l'argent qu'il avait amassé en Irlande. Il avait bien réussi, il était propriétaire de sa maison, par exemple. À l'échelle du Pakistan, c'était certainement un homme riche. Alors, en vacances, il partait chaque fois dans un pays musulman différent, pour voir s'il ne pourrait pas s'y installer. Au fond, il avait raison de penser qu'il est impossible de rester un bon musulman dans un pays occidental. Il faut lire le Coran. L'interprétation la plus juste, à mon avis, est l'interprétation salafiste, mais pas djihadiste. Mahomet n'a pas prescrit de coloniser le monde entier, ni de détruire tous les mécréants de la planète. Le projet de saint Paul est plus universel que le sien. J'ai l'impression que la ligne de conduite la plus conforme au Coran, la meilleure pour un bon musulman, est celle d'un retour en terre d'islam et qu'elle doit être adoptée, si ses moyens financiers le lui permettent. Dans le cas contraire, il doit, autant que possible, rester à l'écart.

**MICHEL ONFRAY** : Vous avez raison, il faut lire le Coran. Et pas que le Co-

[36]Patrick Buisson (né en 1959) : politologue, il a notamment dirigé *Valeurs actuelles* entre 1992 et 1998, conseillé le président Nicolas Sarkozy entre 2007 et 2012, et été fait commandeur de l'ordre de Saint-Grégoire-le-Grand par le pape Benoît XVI en 2012.

ran, d'ailleurs. Il y a aussi les hadiths et la Biographie du prophète. Il faut prendre ces trois sources, où l'on voit que Mahomet tue des gens, qu'il les décapite, même, et qu'il indique ce faisant une voie pour atteindre le paradis. On comprend bien que si le **jihad** armé n'est pas théorisé, il est du moins rendu possible par l'interprétation de nombre de versets. Mais il y a aussi les versets abrogeants, qui disent que quiconque tue un homme tue tous les hommes et que quiconque sauve un homme sauve tous les hommes. Dès lors, on peut se borner à voir le **jihad** comme une prière, d'une certaine manière. Si bien qu'il est possible, je pense, de trouver un terrain d'entente, en limitant l'islam géographiquement, comme vous le suggérez. Mais qu'est-ce que ça veut dire militairement, diplomatiquement, politiquement ? Ça veut dire qu'on arrête nos interventions dans les pays musulmans. Car, effectivement, les Irakiens peuvent dire que ce ne sont pas eux qui ont commencé.

**MICHEL HOUELLEBECQ** : Ils ont absolument raison, les Irakiens. Ils n'ont pas commencé. Les interventions guerrières occidentales en terre d'islam sont aussi stupides qu'inacceptables, je suis de votre avis. La situation de la Terre sainte est bien sûr plus complexe. On ne peut nier que les juifs ont volé leur terre aux Palestiniens, mais leur antériorité est tout aussi indiscutable.

**MICHEL ONFRAY** : Pourquoi soutenez-vous Israël ?

**MICHEL HOUELLEBECQ** : Pour des raisons morales. Quand on a un doute sur la justesse de deux causes opposées, il faut examiner les moyens employés par les deux camps ; les moyens déterminent la légitimité de la fin. Or, il y a une différence de fond entre les attentats aveugles des terroristes palestiniens et les assassinats ciblés de l'armée israélienne. Les Palestiniens emploient des moyens franchement immoraux, les Israéliens des moyens à peu près moraux ; la question est donc tranchée. Je ne vais pas jusqu'à partager l'opinion de ceux qui veulent interdire toute manifestation d'antisionisme, parce que ce ne serait qu'une forme déguisée d'antisémitisme. C'est faux. D'ailleurs, je ne sais pas exactement ce qu'on entend par sionisme aujourd'hui.

**MICHEL ONFRAY** : Herzl dit très précisément que le sionisme, c'est penser que les juifs ont droit à leur État. C'est un principe socialiste au départ. Les kibboutz sont du reste des structures socialistes.

**MICHEL HOUELLEBECQ** : Dans ce cas, je suis sioniste. Mais, à l'heure actuelle, j'ai parfois l'impression que, pour ne pas être qualifié d'antisioniste (et donc d'antisémite), il faudrait approuver toutes les colonisations israéliennes, alors que les Israéliens eux-mêmes sont divisés à ce sujet et que les élections sont parfois très disputées. Puisqu'on parle de colonisation, je reviens un instant à mon péché mignon. J'ai consulté les chiffres de la démographie. L'indice synthétique de fécondité est de 3,4 en Palestine, de 2,9 en Israël. L'écart existe, mais il n'est pas considérable.

**MICHEL ONFRAY** : Il y a plusieurs façons d'être sioniste, c'est vrai. La première consiste donc à dire que les juifs ont droit à leur État. Et je rappelle que le grand mufti de Jérusalem avait choisi son camp quand il est allé voir Hitler pour soutenir la création de divisions SS composées de nazis musulmans. Après avoir, dit-on, prié dans la seule mosquée qu'il y avait à Berlin à cette époque-là, il aurait recommandé au führer de « ne pas oublier les enfants » dans les rafles de juifs… Je pense que lors de l'instauration de l'État d'Israël, les Palestiniens avaient un dommage de guerre à payer, en raison du comportement fautif de leur grand mufti. Un dommage acté à la conférence de Yalta. Dans un premier temps, c'est ça, la possibilité pour un peuple errant de disposer d'une terre sur laquelle il pourra créer un État. Depuis, cette possibilité a eu lieu et on ne peut pas revenir en arrière, on ne va pas jeter les juifs à la mer. Mais il y a maintenant, c'est vrai, la colonisation de nouveaux territoires, avec à la clé le Grand Israël. Et là, on peut avoir des réserves. Je me suis rendu en Israël et en Palestine, et j'ai vu des va-t-en-guerre, mais aussi des gens du peuple, juifs et Arabes, qui ont envie de vivre ensemble, qui n'ont pas intérêt à la guerre. Ce que ne disent pas les médias de gauche, souvent islamo-gauchistes et antisémites. Quand on est sur place, c'est un peu plus clair. On voit que c'est une question de civilisation, qu'Israël est un peuple qui s'est créé, avec sa langue d'une certaine manière, l'hébreu moderne, avec son identité culturelle, une fierté légitime par rapport à sa littérature, sa musique et sa diversité, puisque vous avez aussi bien des juifs intégristes à Jérusalem que des drag queens à Tel-Aviv. Ce voisinage ne pose aucun problème, ni aux uns ni aux autres. C'est un pays dans lequel il y a une mobilisation générale de tout le monde, les garçons et les filles font leur service militaire, on respecte la mémoire et les anciens. Bref, il y a tout ce qui fait une civilisation dans son être, dans sa durée. Nous devrions en tirer des leçons. Car les Français, eux, ne s'autorisent plus à être fiers de leur pays. Dès qu'ils aiment un de leurs auteurs, on cherche dans un coin de page quelque chose pour dire que c'est un sale type. Nous cultivons la détestation de soi, l'amour des passions tristes, la célébration de tout ce qui nous détruit.

« LES CHASSEURS DÉSORGANISENT LA NATURE POUR NOUS DIRE ENSUITE QU'IL FAUT LA RÉORGANISER. »
MICHEL ONFRAY

**MICHEL HOUELLEBECQ** : Je me souviens d'un moment amusant, lors d'un débat que vous avez eu avec Éric Zemmour. Vous y établissiez clairement le caractère inéluctable du déclin. Normalement, Zemmour aurait dû dire : « Je suis complètement d'accord avec vous, Michel. » Parce que c'est ce qu'il pense. Sauf qu'il s'est souvenu qu'il voulait devenir président de la République. Donc, il s'est dit qu'il devait quand même délivrer un message positif. Alors, évidemment, il s'est un peu embrouillé et il a dit, sans trop y croire, que tout n'était pas forcément perdu. Ne nourrissant pas d'ambition présidentielle, ça ne me dérange pas de dire que je suis complètement d'accord avec vous et que tout est perdu. Mais ça m'attriste. Bon, quand même, il faudrait qu'on trouve un point de désaccord... Ah si, j'en ai un !

**MICHEL ONFRAY** : Lequel ?

**MICHEL HOUELLEBECQ** : Votre opposition à la chasse. J'ai failli écrire un article en réponse à l'un des vôtres.

**MICHEL ONFRAY** : Écrire un texte ? Carrément ?

**MICHEL HOUELLEBECQ** : Oui, je l'ai envisagé. Vous avez écrit un texte contre la corrida dans *Causeur*. Moi aussi, je suis hostile à la corrida. Mais, dans le même article, vous indiquiez être contre la chasse. Or, je suis tout à fait favorable à la chasse, dans la logique de mon opposition à l'élevage industriel. La chasse, c'est quand même ce qui sauvegarde le mieux les conditions de vie de l'animal.

**MICHEL ONFRAY** : Bon, bon, on ne va pas être d'accord...

**MICHEL HOUELLEBECQ** : De mon point de vue, une bête abattue par un chasseur, c'est un animal tué par un prédateur plus rusé. Ça arrive tout le temps. C'est la vie.

**MICHEL ONFRAY** : Je ne vois pas les choses ainsi. Pour moi, les chasseurs désorganisent la nature pour nous dire ensuite qu'il faut la réorganiser. Exactement comme les gens qui mettent le feu pour pouvoir dire après qu'ils sont pompiers. Dans les forêts, les chasseurs multiplient les sangliers, les nourrissent. Les fédérations de chasse font de l'agrainage pour pouvoir ensuite tuer des bêtes nombreuses et bien engraissées. Et je ne parle même pas des lâchers de perdrix et de faisans, qui sont élevés en batteries et qu'on balance dans la campagne le jour de l'ouverture de la chasse. Sans oublier ce moment d'orgasme chez les chasseurs, quand ils tuent. Comme des hommes des cavernes, mais évolués, puisqu'ils ont un fusil à lunette en main. La corrida, qui est un art de retirer du plaisir de la souffrance qu'on inflige à un animal, est comme la chasse. Alors, évidemment, mon frère est chasseur et ma mère fait des pâtés de sanglier avec ce qu'il rapporte, et je mange ce pâté. Mais je dis à mes amis chasseurs : « Faites des sorties avec vos chiens, avec vos copains, faites de bons repas, mais, par pitié, ne tirez pas ! »

**MICHEL HOUELLEBECQ** : Ça va vous surprendre, mais, à mon avis, Mark

[37]Mark Zuckerberg (né en 1984) : homme d'affaires américain, il a fondé en 2004 le réseau social Facebook, basé en Californie, aujourd'hui entité du groupe Meta.

Zuckerberg[37] a dit quelque chose d'intelligent sur le sujet. Il a déclaré qu'il avait décidé de ne manger à l'avenir que les animaux qu'il aurait tués lui-même. Ce qui élimine toute la viande d'abattoir et donc représente un vrai progrès. Ensuite, je l'avoue, j'ai un argument plus personnel : je crois que je pourrais prendre plaisir à chasser. J'aime bien le tir. Quand j'étais protégé par des policiers, ils m'ont amené dans un des endroits où ils s'entraînent et fait essayer différents fusils. J'ai adoré cette journée.

**MICHEL ONFRAY** : Moi, quand je vois un mouvement d'animal, un oiseau dans le ciel, par exemple, je trouve ça extraordinaire. Et l'idée d'arrêter ce mouvement, de voir l'animal comme une espèce de boule de chair, ça ne me plait pas du tout. Désolé, mais je ne peux pas défendre cette activité-là. Je ne peux pas approuver ces passions tristes, pour reprendre l'expression de Spinoza, car donner la mort et prendre plaisir à donner la mort, c'est une passion triste, terriblement triste, peut-être la pire des passions tristes.

**MICHEL HOUELLEBECQ** : Honnêtement, non, ce n'est pas le plaisir de tuer ; je n'en ai aucun quand je tue un moustique et ce serait pire avec un animal supérieur. Mais viser une cible petite, rapide et imprévisible, c'est passionnant. Et puis, il y a autre chose, la chasse fait partie du mode de vie des ruraux. Je suis membre du jury littéraire de la revue *30 millions d'amis*. À peu près tous les ans, il y a au moins un livre contre la chasse. Il y a les opposants absolus, religieux, presque. Et il y a les opposants modérés qui, à mon avis, ont raison. C'est vrai que c'est honteux de lâcher des bêtes à peine sorties de leur élevage, qui savent à peine voler ; c'est vrai que c'est inacceptable de grillager des bouts de forêt pour empêcher les animaux d'en sortir et pour offrir à ceux qui viennent en week-end un beau tableau de chasse. Mais la pratique majoritaire des chasseurs n'est pas celle-là. C'est un loisir entre amis, une promenade avec des chiens. Alors oui, c'est vrai, les chasseurs tuent parfois des animaux, mais ils les mangent ensuite. Le mot convivialité m'agace, mais c'est bien ça dont il est question. Et en plus, ils nettoient les forêts, contrairement aux écologistes, irresponsables et infantiles.

**MICHEL ONFRAY** : Je ne suis pas insensible à cet argument. D'ailleurs, je voudrais m'arrêter un instant sur le thème de l'infantilisation. Je pense que c'est plutôt le modèle de l'adolescent qui est gênant dans notre société, davantage que le modèle de l'enfant. Pendant longtemps, l'adolescence, ça n'a pas existé. Et puis, on a inventé cette période de la vie, qui nous permet d'être des enfants quand c'est avantageux et des adultes quand ça l'est également. Résultat, on a des têtes à claques. La tyrannie de l'adolescence, c'est terrible.

**MICHEL HOUELLEBECQ** : Je suis bien d'accord. Je me souviens d'avoir parlé des *kids* définitifs, mais j'ai l'impression que l'âge de référence a encore baissé. Pour moi, le lieu qui symbolise cette manière d'être, en même temps complètement assisté et complètement capricieux, c'est l'aéroport, qui me paraît l'endroit le plus détestable de la modernité. Le pire, ça a été au moment du Covid. Je n'ai pas reproché à Macron sa politique sanitaire. Effectivement, il était difficile de lutter contre un ennemi fort imprévisible. Mais, comme tout le monde à peu près, j'ai assez vite compris comment le virus se propageait, qu'il fallait porter un masque dans certains endroits et que c'était inutile dans d'autres. Tout ça tombait sous le sens. Je n'ai pas aimé que le gouvernement nous traite comme des enfants, et des enfants abrutis. À l'âge de 6 ans, j'aurais déjà réalisé la

**« POUR MOI, IL EST ÉVIDENT QU'IL N'Y A AUCUN COMPLOT. EN MATIÈRE D'IMMIGRATION, PERSONNE NE CONTRÔLE RIEN, C'EST BIEN LÀ TOUT LE PROBLÈME. »**
**MICHEL HOUELLEBECQ**

stupidité de certaines mesures gouvernementales. Tout cela est pénible, à force. Tocqueville l'avait pressenti, dans son passage sans doute le plus célèbre : « Je veux examiner sous quels traits nouveaux le despotisme pourrait se produire dans le monde… » Comme il l'écrit, si l'État employait les méthodes de la puissance paternelle dans le but de nous faire sortir de l'enfance, ça pourrait aller. Mais on voit bien que son désir est de nous maintenir en enfance toute notre vie. Et pour moi, cela va de pair, d'une manière étrange et perverse, avec la dévalorisation de la vie. Avant, l'honorabilité se conquérait au fil de l'existence. Le respect dû aux cheveux blancs ne s'appliquait pas aux anciens voleurs. Il fallait faire ses preuves pour être respectable. Et un enfant n'avait pas fait ses preuves. Aujourd'hui, on respecte les enfants parce qu'ils sont des enfants. Ce qui est quand même bizarre, car c'est une négation totale du dogme du péché originel.

**MICHEL ONFRAY** : Vous pensez que l'être humain est coupable de naissance ?

**MICHEL HOUELLEBECQ** : Ben oui, quand même.

**MICHEL ONFRAY** : De quoi ?

**MICHEL HOUELLEBECQ** : Mais du fait d'être un être de pur désir, égoïste et égocentrique.

**MICHEL ONFRAY** : C'est notre nature, d'accord, mais ce n'est pas incompatible avec le respect dû aux autres. C'est assez drôle, parce que j'ai l'impression que vous adhérez à ce dogme du péché originel qu'on ne vous a pas inculqué, alors qu'à moi, oui, mais je n'y crois pas. Je pense même que c'est la grande catastrophe de croire au péché originel et d'oublier que Darwin nous a donné une explication, éthologique.

**MICHEL HOUELLEBECQ** : Il n'y a pas que l'être humain qui soit coupable. À mon avis, l'ensemble de la nature l'est. La possibilité d'égoïsme, voire de cruauté, existe par le simple fait de l'individualité, déjà pleinement présente dans chaque animal – pour les plantes, c'est moins clair. Mais, là, je suis un schopenhauerien de stricte obédience.

**MICHEL ONFRAY** : On a peut-être trouvé un vrai désaccord entre nous. Je pense que nous sommes des êtres de tribu, avec toute la jalousie et l'envie que cela implique. Et que cette situation est supportable, à condition d'être soumis à une éducation suffisamment répressive. C'est très freudien, je le reconnais. C'est la thèse de *Malaise dans la civilisation*[38]. Donc, on n'a pas besoin de Dieu, on n'a pas besoin du péché originel pour ça.

**MICHEL HOUELLEBECQ** : Oui, le péché originel, disons que pour moi, c'est une métaphore du fait que l'être humain doit être dressé. L'homme naît mauvais,

[38] *Malaise dans la civilisation* : essai du neurologue autrichien Sigmund Freud (1856-1939) publié en 1930 sous le titre original *Das Unbehagen in der Kultur* et traduit en français en 1943 par la *Revue française de psychanalyse.*

mais la société peut l'éduquer. Comme souvent avec Rousseau, il suffit de dire le contraire de lui pour être dans le vrai.

**MICHEL ONFRAY** : D'accord, mais on ne naît pas coupable. On naît informe ou sans forme et il faut nous former.

**MICHEL HOUELLEBECQ** : Je ne sais pas si le fait de vouloir imposer sa volonté en poussant des hurlements, comme le font les enfants, est si répandu chez les animaux... Il y a chez l'homme une volonté de tout contrôler, de dominer son environnement.

**MICHEL ONFRAY** : Quand un poulain ou un veau naît, il se tient presque immédiatement sur ses pattes. D'une certaine manière, il est autonome assez rapidement. Tandis qu'un enfant qui naît, si on ne s'occupe pas de lui pendant six, sept, huit ans, il va mourir. C'est une spécificité. On naît non fini. Et la finition se fait à l'école, dans la famille, bref, dans la civilisation. Sans quoi, on a des enfants sauvages, comme on les appelait autrefois.

**MICHEL HOUELLEBECQ** : Le problème, c'est qu'aujourd'hui, on nous dit que tout ce qui sort de l'enfant ne peut être que bon et beau. On voit cela notamment dans les romans américains, qui sont particulièrement énervants de ce point de vue puisqu'ils décrivent les rapports humains entre époux, entre collègues, en des termes particulièrement brutaux et cyniques, où le chacun pour soi est très fort, mais où les enfants sont présentés comme des sortes d'elfes enchantés. Ça ne correspond pas à la réalité. L'enfant, dès sa naissance, est tout à fait prêt à revendiquer ses intérêts. Son égoïsme se manifeste dès ses premiers jours. Il se limite à la nourriture, au début, mais dès qu'il se met à bouger, à marcher, il devient dangereux. J'ai trop constaté la cruauté chez les enfants, envers les animaux notamment. Je me suis souvent demandé ce qu'il restait de vraiment catholique chez Baudelaire. Finalement, je crois une seule chose, mais très importante : le dogme du péché originel.

**MICHEL ONFRAY** : Ça me fait penser que vous êtes, me semble-t-il, très intéressé par la pensée contre-révolutionnaire française : Bonald[39], de Maistre[40]...

**MICHEL HOUELLEBECQ** : Bonald, c'est un peu plus fastidieux que de Maistre. En fait, ce que je préfère chez de Maistre, ce sont ses écrits contre le protestantisme. Il met le paquet et pour lui, c'est clair, tout le mal vient de Luther, y compris la Révolution française. Il a des phrases fortes, comme « Le protestantisme est républicain dans les monarchies et anarchiste dans les républiques. » Dans le même genre, il y a ce bref passage d'Auguste Comte que j'aime beaucoup, qui qualifie le mot protestant de « caractéristique ». En effet, un protestant, ça proteste et ça ne sait guère faire que cela *(rires)*. Mais pour revenir à de Maistre, je trouve que résister, comme il l'a fait, à l'air du temps, c'était courageux. J'aurais bien aimé qu'il soit là au moment de Vatican II...

**MICHEL ONFRAY** : Le catholicisme a résisté à tout sauf à Vatican II.

**MICHEL HOUELLEBECQ** : Oui effectivement, Geoffroy Lejeune est intarissable sur ce sujet. Et il remarque que ce suicide est d'autant plus étonnant que les fidèles ne demandaient rien. N'empêche que cela a marqué le début du déclin de la pratique, et plus encore des vocations de prêtres qui, depuis, se sont effondrées.

**MICHEL ONFRAY** : Pas dans les monastères...

**MICHEL HOUELLEBECQ** : Les monastères, c'est plus facile. Vous avez

[39] Louis de Bonald (1754-1840) : pair de France sous la Restauration, il a défendu une conception traditionaliste de la société, notamment dans son essai *Législation primitive* (1802).

[40] Joseph de Maistre (1753-1821) : homme politique au service de la maison de Savoie, il a prôné une philosophie contre-révolutionnaire, notamment dans son *Essai sur le principe générateur des constitutions politiques* (1814).

remarqué, ils sont presque toujours situés dans des sites d'une grande beauté. Je ne sais plus à combien de cérémonies religieuses ils participent dans une journée, mais ils sont très souvent en état d'adoration. Le reste du temps, ils font un travail manuel plutôt agréable, ce n'est pas l'usine non plus. Il est beaucoup plus facile d'être chrétien quand on est moine que quand on est prêtre. Les prêtres, eux, sont en ville, où il existe des tentations. Non seulement ils doivent être chastes, mais ils ont très peu d'argent.

**MICHEL ONFRAY** : Oui, ça doit être très difficile. Les prêtres ont quelque chose d'héroïque.

PAUSE

**MICHEL HOUELLEBECQ** : Michel, je voulais aborder la question souvent polémique du grand remplacement[41].

**MICHEL ONFRAY** : Toujours polémique, vous voulez dire !

**MICHEL HOUELLEBECQ** : Oui.

**MICHEL ONFRAY** : Vous y croyez, vous, au grand remplacement ?

**MICHEL HOUELLEBECQ** : D'abord, j'ai été très choqué qu'on appelle ça une théorie. Ce n'est pas une théorie, c'est un fait. Je n'avais pas lu Renaud Camus. Je voulais le lire depuis longtemps, parce que j'estime Emmanuel Carrère[42] et qu'il a écrit à plusieurs reprises que « c'est vraiment dommage que Renaud Camus défende ces positions, c'est un si bon écrivain ! » Bon, j'ai fini par lire, et c'est vrai, Renaud Camus est un bon écrivain, ça ne fait pas de doute. Donc, il a constaté un grand remplacement ou, pour être plus précis, la modification de la composition ethnique et religieuse de la population européenne. C'est une évidence statistique. Mais contrairement à ce que je croyais, il y a quelques traces de complotisme en lui. J'ai été surpris qu'un homme

[41] *Le Grand Remplacement* : essai de l'écrivain Renaud Camus (né en 1946), éd. David Reinharc, 2011.

[42] Emmanuel Carrère (né en 1957) : romancier et cinéaste, il a reçu le prix Princesse des Asturies de littérature en 2021.

à l'évidence intelligent émette l'idée qu'il y aurait un complot orchestré par ce qu'il appelle les « davocrates », une espèce de groupe issu du forum de Davos. Pour moi, il est évident qu'il n'y a aucun complot. En matière d'immigration, personne ne contrôle rien, c'est bien là tout le problème. Il y a juste une réalité démographique écrasante. En 2050, rien qu'au Nigeria, il y aura 400 millions d'habitants. Pendant ce temps, l'Europe continuera de se dépeupler. Après, c'est de l'hydraulique. Le transfert se fera et la composition de la population changera. Sur le plan ethnique, ce qui ne me dérange pas particulièrement. Mais aussi sur le plan religieux, ce qui me dérange bien davantage. Alors, comment résoudre cela ? Limiter la population humaine est impossible. Il faudrait contrôler, maîtriser les naissances, et l'Occident ne peut pas maîtriser les naissances africaines. Les pays africains non plus. Cela va mal finir, en effet. L'Europe sera emportée par ce cataclysme.

**MICHEL ONFRAY** : Je souscris à cette idée. Et je remarque que même Mélenchon valide le grand remplacement, qu'il appelle simplement par un autre nom, la « créolisation ».

**MICHEL HOUELLEBECQ** : Mélenchon essaye de passer pour un type cultivé, de temps en temps, il aime bien employer un mot rare, mais il ne le fait pas toujours à bon escient. Je suis blanc, je suis né à la Réunion, outre-mer, donc. C'est cela, être créole. Je suis créole. Le mot juste est « métissage ».

**MICHEL ONFRAY** : Entièrement d'accord. Il n'est pas cultivé. J'ai déjeuné une fois avec lui. À l'époque, il n'était pas encore question qu'il soit candidat à la présidentielle. C'était très en amont. J'ai passé un repas assez consternant, durant lequel j'ai constaté quelle lecture il faisait de la Révolution française, en se bornant, en bon trotskiste, à Mathiez[43] et Soboul[44], ce qui est éminemment sommaire. Sur le plan littéraire, même chose, il sait deux ou trois trucs sur Victor Hugo et c'est à peu près tout. Mais voilà qu'il nous parle de créolisation. Il a choisi ce terme parce qu'il est politiquement correct, qu'il renvoie à Édouard Glissant[45], à la Martinique, aux Antilles. Mais il se fait que j'ai lu Édouard Glissant et très précisément les textes qu'il consacre à la créolisation. Ce n'est pas du tout ce que Mélenchon en dit. Glissant est un formidable poète lyrique, mais dès qu'il se met à faire de la politique, on se dit qu'il n'a pas fumé que du tabac. Selon lui, la créolisation peut théoriquement se faire de manière pacifique, mais, pratiquement, cela ne s'est jamais passé autrement qu'à travers la violence, et il trouve cela formidable. Il choisit un exemple « marin », en expliquant que la créolisation est l'avènement d'une société de méduses. Je suis désolé, mais moi, dans la mer des Antilles, je me suis fait brûler par des méduses ! Et je ne comprends pas bien pourquoi on ferait d'un animal venimeux un paradigme sociétal. Ou plutôt, je crois bien comprendre pourquoi je ne comprends pas très bien. Glissant, c'est très lyrique, c'est très poétique. Mais ça n'est pas sérieux. De cela, Mélenchon se moque. Il est d'ailleurs probable qu'il n'ait même pas lu Glissant et qu'il l'interprète de manière militante et fautive parce que trois personnes de son équipe lui ont fait une note. Ce qu'il dit de la Révolution française montre qu'il ne travaille pas ses sujets en profondeur. Il sait juste impressionner les journalistes. Et leur cacher qu'il est en réalité un jacobin favorable à la violence.

J'en viens à ce que je pense du grand remplacement. Il me semble, tout comme à vous, que c'est objectivement ce que disent les chiffres. Ensuite, est-ce décidé à Davos ? Je n'en sais rien, je ne suis pas complotiste. Mais je trouve curieux que des gens puissants se réunissent dans des lieux comme ça, où certains

[43]Albert Mathiez (1874-1932) : historien, il a publié notamment une Révolution française, en trois tomes, éd. Armand Collin.

[44]Albert Soboul (1914-1982) : historien, il a publié notamment une Histoire de la *Révolution française*, éd. Sociales, 1962.

[45]Édouard Glissant (1928-2011) : poète et romancier, il a développé son concept de créolisation, notamment dans son essai *Traité du Tout-Monde*, éd. Gallimard, 1997.

rendez-vous sont interdits au grand public et aux journalistes. Et je demande juste : « Répondez à cette question, pour quelle raison interdisez-vous la publicité de vos réunions ? » Je me demande si Renaud Camus n'en est pas au même stade que moi, en se posant simplement cette question.

**MICHEL HOUELLEBECQ** : Sur le fond du sujet, je dois reconnaître une véritable incertitude concernant la dimension religieuse du grand remplacement. Parce que je ne suis pas au courant, je ne sais pas de quelle religion sont ces gens qui viennent de plus en plus en Europe. Ça change quand même pas mal de choses. L'hypothèse répandue, c'est qu'il y a beaucoup de musulmans. Mais il y a aussi de plus en plus d'évangélistes dans les pays africains. Et ce qui se passera dépend beaucoup de ce paramètre. En Afrique, il y a déjà des guerres religieuses, avec Boko Haram par exemple. Elles s'exporteront sans problème. Mais je me sens incapable d'évaluer les rapports de force religieux pour l'avenir.

**MICHEL ONFRAY** : J'ai plutôt l'impression que la religion qui monte en Afrique, c'est le culte de Nike et des iPhones, sur fond d'animisme.

**MICHEL HOUELLEBECQ** : Vous croyez ? Les Africains ?

**MICHEL ONFRAY** : J'ai un peu dit tout à l'heure que j'avais perdu ma compagne d'un cancer. À l'époque, je fréquentais l'hôpital. Sarkozy voulait virer tous les médecins étrangers. À l'hôpital d'Argentan, il y avait des soignants de quatre ou cinq nationalités. Je me suis battu pour qu'ils puissent rester. Puis, j'ai fait une soirée chez moi, pour les remercier de leurs soins. Ce soir-là, le radiologue, africain, m'a raconté que dans son pays, il avait vu un cadavre se réincarner en crocodile. Moi, j'ai tendance à penser qu'un crocodile est entré dans la morgue, a mangé le mort et est reparti. Mais pour ce médecin, un excellent professionnel au demeurant, c'était une réincarnation. Il y a des conceptions animistes qui nous dépassent. L'idée qu'un mort puisse se réincarner dans un crocodile, pour un Français de base, ça ne peut pas marcher, mais pour lui, oui. Et en même temps, il souhaitait une voiture, un téléphone et le mode de vie occidental. Je pense que l'avenir est fait de gens comme lui, qui veulent absolument posséder pour exister et dont les croyances animistes font très bon ménage avec le consumérisme. Je voudrais continuer avec mon histoire personnelle. Mon frère vient d'avoir 60 ans. Il a passé sa vie à travailler à l'entretien du matériel et il vient de prendre sa retraite. Il peut se féliciter d'avoir cotisé pendant toutes ses années de labeur, car la Sécurité sociale, en échange, lui permet d'être suivi à l'hôpital pour son diabète. Tout cela est très bien, sauf que, pendant ce temps, des gens arrivent, des réfugiés de guerre, des réfugiés climatiques, des réfugiés politiques, qui disent : « Moi aussi, j'ai droit aux soins, à un logement, à l'école pour mes enfants. » Et nous, on leur répond : « Mais bien sûr, vous êtes ici chez vous. » Je ne suis pas contre cette générosité, mais je ne peux pas accepter que cela se fasse au détriment de gens qui, comme mon frère, ont passé leur vie à trimer. Quand on dit à mon frère qu'il doit s'acquitter du tiers payant, il peut légitimement trouver que le système préfère s'occuper de la misère extérieure que de la misère intérieure.

**MICHEL HOUELLEBECQ** : Le moment le plus pénible pour moi, lors de la dernière campagne présidentielle, a été celui où l'on a demandé à Fabien Roussel de désavouer publiquement Georges Marchais pour sa critique de l'immigration, qu'en bon marxiste il voyait avec justesse comme l'armée de réserve du capital. Le pauvre Fabien Roussel a été obligé de faire amende honorable. Je l'ai vraiment plaint, car j'ai senti qu'il allait contre lui-même. Il a eu tort de plier. Sans cela, il aurait peut-être fait un score à deux chiffres. Il aurait en tout cas pris des voix à Marine Le Pen. Mais hélas, aujourd'hui, les Insoumis sont le seul visage de la gauche. Ce qui me classe à droite, parce que les Insoumis, non merci…

**MICHEL ONFRAY** : Je suis d'accord avec vous sur cette idée qu'il y a encore une droite et une gauche. Mais je ne définis pas les Insoumis comme l'horizon indépassable de la gauche. Les Insoumis, c'est la gauche médiatique, celle qu'on voit à la télévision.

**MICHEL HOUELLEBECQ** : Mais c'est la gauche qui vote, aussi.

**MICHEL ONFRAY** : Vous avez raison, mais ce n'est pas la gauche tout court. Je rencontre plein de gens de gauche qui me disent : « Je n'en peux plus, ce n'est pas ma gauche, alors je ne vote plus. » Pour moi, la gauche est définie par Victor Hugo, quand il veut sortir des mines les enfants qui y travaillent en raison de leur petite taille pour aller chercher le charbon dans les veines les plus étroites. Ma gauche dit, avec Victor Hugo, que les enfants, c'est fait pour être à l'école, pas dans les mines. Alors que la droite s'inquiétait à cette époque d'une perte de compétitivité face aux Anglais qui, eux, utilisaient toujours des enfants dans les mines. C'est ainsi, la gauche a été plus sociale que la droite dans l'Histoire, en réduisant le temps de travail, en améliorant la sécurité des travailleurs, en créant les congés payés, en se battant pour l'avortement, contre la peine de mort, etc. Même si ces vingt ou trente dernières années, depuis Maastricht, effectivement, la confusion des genres est grande.

**MICHEL HOUELLEBECQ** : Sur la peine de mort, j'ai une réserve. Je pense que c'est un vrai débat. L'abolition est-elle un progrès ?

**MICHEL ONFRAY** : Pour ma part, je reste sur les positions d'Albert Camus et d'Arthur Koestler dans leurs *Réflexions sur la peine capitale*[46]. Je pense que c'est indépassable. Il n'y a pas de bonne raison d'infliger la mort à qui que ce soit. Vous défendez la peine de mort ?

**MICHEL HOUELLEBECQ** : Je ne sais pas. Quand je regarde ces émissions sur différentes chaînes, avec ces crimes atroces, je m'interroge. Les familles des victimes demandent clairement vengeance, c'est une réaction normale.

**MICHEL ONFRAY** : Justice n'est pas vengeance.

**MICHEL HOUELLEBECQ** : Oui, bien sûr, mais notre société repose entre autres sur le fait que nous acceptons de renoncer à la vengeance individuelle. C'est un gros effort. L'État ne doit-il pas un peu nous venger ?

**MICHEL ONFRAY** : Comme vous, je suis dans une logique contractualiste et, comme vous, je déplore que le contrat social ne soit pas respecté par l'État. Mais ce contrat ne propose pas de remplacer la vengeance privée par une vengeance publique. Il propose de préserver la société en essayant d'empêcher les criminels de recommencer.

**MICHEL HOUELLEBECQ** : Non, ça c'est le deuxième but de la justice. Le premier est d'assumer une mission de vengeance. L'intervention de l'État a pour conséquence que ce n'est pas une vengeance pure, c'est adouci par rapport à la loi du talion. La peine de mort est un adoucissement par rapport à une mort infligée après de longues heures de tortures et d'actes barbares.

**MICHEL ONFRAY** : Alors, il fallait encore plus adoucir la justice. On l'a fait en abolissant la peine de mort.

[46] *Réflexions sur la peine capitale* : essai d'Albert Camus et Arthur Koestler publié en 1957, éd. Calmann-Lévy.

**MICHEL HOUELLEBECQ** : Je me demande si nous ne sommes pas allés trop loin.

**MICHEL ONFRAY** : Je raisonne à partir de mon cas personnel. J'ai souffert dans mon enfance et je n'ai jamais pensé qu'infliger de la souffrance à ceux qui m'ont fait souffrir abolirait ma souffrance.

**MICHEL HOUELLEBECQ** : Oui, mais beaucoup le pensent.

**MICHEL ONFRAY** : Eh bien, ils ont tort. Vous avez perdu quelqu'un ? Admettons qu'on décapite la personne qui a tué la personne que vous aimiez. Il se passe quoi, le lendemain ?

**MICHEL HOUELLEBECQ** : Je vais quand même un peu mieux.

**MICHEL ONFRAY** : Ça ne ramène pas la personne que vous avez perdue.

**MICHEL HOUELLEBECQ** : Non, ça ne ramène personne, mais je sais que le coupable est mort. Ça rétablit un équilibre.

**MICHEL ONFRAY** : Je pense que l'emprisonnement y suffit.

**MICHEL HOUELLEBECQ** : Ça ne me paraît pas suffisant, pour certains crimes.

**MICHEL ONFRAY** : Dans les conditions actuelles, sans doute. Nous vivons dans la jurisprudence de Michel Foucault, qui était très problématique d'un point de vue intellectuel. Il pensait que la société est toujours coupable, les criminels toujours des victimes. C'est dommage de construire un projet de société sur ces visions-là. Il faut repenser le système pénal de fond en comble. Quand on met des petits dealers, des petits cons, à qui il manque surtout un coup de pied aux fesses, dans les mêmes prisons que des violeurs et des braqueurs, ce n'est pas possible. La décadence de notre société se constate aussi dans les prisons.

**MICHEL HOUELLEBECQ** : Je vois les choses sous un autre angle. En général, je me positionne sur les questions morales en me demandant ce que je serais capable de faire, moi, dans la situation donnée. C'est la raison pour laquelle je suis hostile à la torture, alors que la peine de mort, je ne sais pas.

**MICHEL ONFRAY** : C'est intéressant, car vous êtes en somme aux antipodes de Beccaria[47] qui, lui, était contre la peine de mort, mais aussi, on l'ignore souvent, pour la torture.

**MICHEL HOUELLEBECQ** : Je ne pourrais pas torturer. Par mon vague passé pied-noir, je connais bien la question classique du terroriste qu'on arrête et qui ne veut pas dire où il a caché la bombe à retardement qui va sans doute exploser dans un dancing bondé, mutiler des jeunes filles. J'ai connu une femme qui avait perdu une jambe comme ça. N'empêche qu'en torturant, je pense qu'on sort de l'humanité, on se dégrade soi-même, Kant l'aurait dit en des termes plus clairs. Alors que prendre un fusil et tirer sur un tueur en série, je crois que je pourrais le faire. Je pourrais envisager de le tuer comme on tue un animal nuisible.

**MICHEL ONFRAY** : Vous allez choquer les antispécistes... Donc, vous pourriez appuyer sur le bouton d'une guillotine ?

**MICHEL HOUELLEBECQ** : Ça, peut-être pas. Mais avec un fusil, oui. J'imagine que je tremblerais, mais bon, j'essayerais de bien viser quand même. Je suis désolé de devoir utiliser un parallèle aussi choquant, mais j'en reviens à Mark Zuckerberg, parce qu'il y a un rapport, en profondeur : pour moi, un peloton d'exécution devrait être composé des membres du jury ayant voté la mort.

[47] Cesare Beccaria (1738-1794) : juriste italien, il a fondé le droit pénal moderne dans son traité *Des Délits et Des Peines*, publié 1764 sous le titre original *Dei delitti e delle pene* et traduit en français l'année suivante.

## « VOUS ÊTES COMME MOI, VOUS ÊTES POPULISTE ! »

MICHEL ONFRAY

**MICHEL ONFRAY** : Quand j'ai lu les *Réflexions sur la peine capitale*, j'avais 15, 16 ans. J'ai été convaincu tout de suite. Avant, j'étais pour la peine de mort. Une fois ce livre terminé, je me suis dit : « Il a raison. »

**MICHEL HOUELLEBECQ** : J'ai peut-être vu trop d'émissions sur *Crime District*. Cela dit, je suis d'accord avec vous quand vous dites qu'il faut réformer la justice. Je suis pour l'élection des juges. Ce serait une bonne méthode pour que les citoyens aient un meilleur contrôle sur la justice. Cela me paraît même une mesure démocratique élémentaire. Je suis également pour un référendum sur le budget, mais ce serait un peu plus compliqué à organiser. Un vote des citoyens pour définir quel budget ils veulent pour telle ou telle fonction, l'armée, la police, l'Éducation nationale, la santé. On y verrait un peu plus clair.

**MICHEL ONFRAY** : Vous êtes comme moi. Vous êtes populiste !

**MICHEL HOUELLEBECQ** : Ça me va. « De droite », j'ai des doutes, mais « populiste », ça me va. Le problème, c'est qu'en face, il n'y a pas de parti qui se définisse comme « élitiste ».

**MICHEL ONFRAY** : C'est pourtant ce qu'ils sont, le parti élitiste. Ils ont subi une certaine formation intellectuelle, en vertu de laquelle ils pensent être les seuls aptes à gouverner, tandis que les autres ne seraient bons qu'à obéir. Moi, j'appelle ce petit monde imbu de lui-même le parti maastrichtien, car ils sont tous pro-européens. Et pour définir leur action, j'ai ressorti un mot que l'on trouve chez Gracchus Babeuf[48], le mot « populicide » qu'il employait pour parler du massacre des Vendéens par les jacobins. Le populicide aujourd'hui est moins sanglant, plus symbolique. Il est à l'œuvre quand les Présidents restent en place après avoir perdu une élection législative et entrent en cohabitation. Et bien sûr, il est à l'œuvre en 2008, quand le Congrès approuve le traité de Lisbonne et annule le refus du peuple par référendum d'une constitution européenne. Giscard a pourtant reconnu lui-même dans *Le Point* que c'était le même texte.

**MICHEL HOUELLEBECQ** : Le seul pays du monde, à ma connaissance, où l'on tienne un peu compte de l'avis de la population, c'est la Suisse. Or, la Suisse est-elle un pays mal géré ? On peut difficilement le soutenir. Alors que dans un pays voisin, le nôtre, des énarques, qui sont sans doute très intelligents, prennent des décisions plus bêtes que celles d'une population censée être ignorante. Daniel Cohn-Bendit a dit un jour : « On ne va quand même pas faire voter les gens à tout propos ! » Curieusement, j'aime bien Cohn-Bendit, mais il est symptomatique de l'arrogance d'une caste qu'il incarne à la perfection. Ses duos avec Luc Ferry sont un pur délice. Macron aussi a des moments de vrai mépris.

**MICHEL ONFRAY** : Voilà pourquoi mes amis et moi avons fondé *Front Populaire*. Pour donner le moyen au peuple de résister à ce mépris. Et je constate que nous marquons des points, que nos idées sont reprises. Nous progressons. On peut y arriver.

**MICHEL HOUELLEBECQ** : Dieu vous entende, Michel. ◆

[48] Gracchus Babeuf (1760-1797) : révolutionnaire français, il tenta de renverser le Directoire en 1796. Cette conspiration fut considérée par Karl Marx comme « la première apparition d'un parti communiste réellement agissant ».

ANTICIPATION

# Norman Spinrad : « Je partage le réalisme de Houellebecq, pas son pessimisme. »

PROPOS RECUEILLIS PAR
JEAN-BAPTISTE ROQUES

EDISON
MAZDA
LAMPS

**Lorsque la rédaction de *Front Populaire* a demandé à Michel Houellebecq s'il souhaitait mettre en valeur dans ce hors-série des écrivains ou des artistes l'ayant inspiré, le nom de Norman Spinrad est vite apparu. Auteur d'une quarantaine de romans de science-fiction, cet octogénaire américain, installé à Paris depuis 1988, a signé une œuvre culte, *Jack Barron et l'éternité*, qui a connu un immense succès dès sa sortie en 1969, notamment en raison de ses dialogues et de ses scènes très osées pour l'époque. Plus d'un demi-siècle après, le récit n'a rien perdu de sa pertinence et de son génie visionnaire. Rencontre avec l'un des derniers géants du roman d'anticipation.**

**F.P.** : Vous souvenez-vous de votre première rencontre avec Michel Houellebecq ?

**NORMAN SPINRAD** : C'était il y a une vingtaine d'années à Paris. Je collaborais alors à un groupe de rock *underground* créé par Richard Pinhas (N.D.L.R. : l'un des pionniers de la musique industrielle en France). À la même époque, Houellebecq faisait la même chose que moi, je veux dire que lui aussi était un écrivain qui déclamait ses textes sur de la musique expérimentale, sur des morceaux produits par Bertrand Burgalat, pour être précis. Nous nous sommes croisés dans ce milieu et pas du tout dans le monde littéraire. Je me souviens d'ailleurs que lors de notre première conversation, Houellebecq m'a expliqué, pour rire, qu'il s'était lancé sur la scène rock pour rencontrer des filles. Seulement, il était en train de découvrir que cet univers était en réalité tout aussi sage que celui de l'édition…

**F.P.** : Saviez-vous que Michel Houellebecq comptait parmi les admirateurs de votre œuvre ?

**NORMAN SPINRAD** : Je suis étonné de ce que vous dites. Houellebecq a le statut d'un véritable écrivain, alors que moi, je suis catalogué comme simple auteur de science-fiction…

**F.P.** : Vous voulez dire que c'est un genre mineur ?

**NORMAN SPINRAD** : Disons que c'est un genre qui n'a pas une image sérieuse, ce qui est injuste. Car comme beaucoup d'auteurs de science-fiction, je ne parle pas seulement de technologie dans mes romans, mais aussi de société, de culture, de politique. Houellebecq a été plus malin que moi : certains de ses livres sont eux aussi des récits d'anticipation, mais il ne s'est pas laissé enfermer dans cette case.

**F.P.** : Comment aimeriez-vous qu'on vous qualifie si vous trouvez cette case réductrice ?

**NORMAN SPINRAD** : Je me définis d'abord comme un auteur engagé. Je veux dire que je suis un anarchiste, enfin un anarchiste pragmatique, à l'américaine, pas idéologique. À la fin de mon roman Jack Barron et l'éternité, par exemple, il y a un personnage, le gouverneur du Mississippi, qui va devenir président des États-Unis, et qui est noir, ce qui, à la fin des années 60, c'est-à-dire au moment où je l'ai écrit, était inconcevable. Si j'ai choisi un tel développement à l'époque, c'est justement parce que l'État du Mississippi était encore ségrégationniste. C'était ma contribution à la lutte contre le racisme.

**F.P.** : Cela dit, l'avenir que vous décrivez dans vos romans n'est pas tellement rose…

**NORMAN SPINRAD** : Oui, vous avez raison. Jack Barron et l'éternité se déroule dans un futur où la télévision a acquis un pouvoir considérable, où les présentateurs d'émissions sont plus puissants que les hommes politiques et peuvent détruire la réputation de n'importe qui en direct, rien qu'en excitant les masses. J'ai été le premier à évoquer ce genre de thème dans un roman de science-fiction. Et je dois dire que, des années plus tard, quand Donald Trump a commencé à animer une émission dans laquelle il virait ses employés, j'ai eu le sentiment que l'Histoire me donnait raison. Et puis la réalité est devenue plus forte que la fiction, puisque ce vulgaire animateur est carrément entré à la Maison-Blanche !

**F.P.** : Michel Houellebecq dit que vous n'aimez pas votre pays et que c'est la raison pour laquelle vous vivez en France. Est-ce vrai ?

**NORMAN SPINRAD** : Il exagère un petit peu. Si je suis venu vivre en France, c'est pour trouver l'inspiration. Votre pays, pour moi, c'était un autre système solaire ! Ensuite, une fois sur place, j'ai découvert et adoré votre art de vivre. Par exemple, dans la rue du V<sup>e</sup> arrondissement à Paris où j'habite, je connais tout le monde ! Je ne crois pas que ce genre de relation existe à New York. Mais mon plaisir ne se limite pas à votre héritage culturel. J'aime aussi le respect que vous avez pour les artistes. Aux USA, le Président ne donnerait jamais une médaille à un écrivain qui ne partage pas ses idées. En France, Emmanuel Macron a remis la Légion d'honneur à Houellebecq ! Autre chose encore, j'admire la créativité qui règne ici. Par exemple, je pense qu'aujourd'hui, le rap français est plus intéressant que le rap américain, notamment dans la manière de manier la langue et de jouer avec elle. Mais, attention, ça ne signifie pas que je déteste pour autant mon pays. Bon, cela dit, je dois reconnaître que quand Donald Trump a été élu Président, je me suis quand même dit que l'Amérique était vraiment dans la merde.

> « SI JE SUIS VENU VIVRE EN FRANCE, C'EST POUR TROUVER L'INSPIRATION. VOTRE PAYS, POUR MOI, C'ÉTAIT UN AUTRE SYSTÈME SOLAIRE ! »

**F.P.** : Que pensez-vous du pessimisme de Houellebecq ?

**NORMAN SPINRAD** : Je partage son réalisme, mais pas son pessimisme. Comme lui, mes livres parlent de politique et de sexe, avec des scènes et des mots crus, beaucoup de sarcasme aussi, et l'ambition de dénoncer ce qui ne va pas dans la société. Mais contrairement à lui, j'aime bien finir mes romans avec des *happy ends*. Il faut dire que j'appartiens à une génération qui a connu, dans les années 60, les bons côtés de la révolution sexuelle et la libération des drogues. Quel contraste avec mon enfance ! Quand j'étais gamin, pendant la guerre, mon père était au front, et ma mère s'occupait de moi toute seule, tant bien que mal. Elle était très pauvre, entourée d'amis communistes, les conséquences de la crise de 1929 étaient encore extrêmement présentes. Après la guerre, la situation s'est beaucoup améliorée et j'ai partagé l'optimisme ambiant, ce qui se ressent dans mes livres.

**F.P.** : C'est ce qui vous a empêché d'être communiste ?

**NORMAN SPINRAD** : Absolument. Bien plus tard, quand le mur de Berlin est

tombé, je suis allé à Moscou, j'ai même été l'un des tout premiers écrivains américains traduits en russe. Et je dois avouer que j'ai cru en Gorbatchev, dans le fait qu'il dessinerait une troisième voie, à mi-chemin entre le modèle soviétique et le modèle capitaliste, puisque ces deux systèmes s'étaient avérés, de part et d'autre de l'océan Pacifique, de terribles échecs. Aujourd'hui, je continue de penser que si Gorbatchev n'avait pas quitté le pouvoir dès 1991, la face du monde serait différente. J'ai d'ailleurs écrit un livre à ce sujet, *Le Printemps russe*, une dystopie en deux tomes dans laquelle j'imagine que la perestroïka est parvenue à régénérer le pays et que, grâce à elle, la Russie finit même par dépasser les États-Unis, notamment en matière de conquête spatiale. En somme, je fais gagner aux Russes la guerre froide.

**F.P.** : Comment ce goût pour les récits d'anticipation vous est-il venu ?

**NORMAN SPINRAD** : Cela me vient d'un ami de ma mère, un de nos voisins dans le quartier du Bronx à New York, qui était communiste. On a tendance à l'oublier, mais quand j'étais petit, il y avait beaucoup de communistes dans la classe ouvrière aux États-Unis. Donc cet homme, qui s'appelait Jimmy Hauser, m'a donné à lire, quand j'avais trois ou quatre ans, *La Guerre des mondes*, le roman d'anticipation de H.G. Wells. Je l'ai dévoré et ça a été un choc… un choc révolutionnaire. Aussi, dès mon plus jeune âge, j'ai associé science-fiction et progressisme.

**F.P.** : En parlant de progressisme, que pensez-vous de la gauche américaine aujourd'hui ?

**NORMAN SPINRAD** : Je ne sais pas. J'ai l'impression que le fric a pourri la politique aux USA. Et je pense malheureusement que le Président actuel, qui est censé être un homme de gauche, a une vision de la liberté qui consiste essentiellement dans la liberté du commerce. Je me demande si Barak Obama n'était pas davantage fidèle à la gauche véritable.

**F.P.** : Oui, mais il n'y a pas que les hommes de pouvoir, il y a aussi les journalistes, les universitaires, les artistes de gauche…

**NORMAN SPINRAD** : Vous avez raison. Seulement, je ne suis pas très au fait de tout ce qui se passe dans les milieux intellectuels américains, si ce n'est que je lis le *New York Times*, qui me semble être de plus en plus un journal de propagande, exactement comme Fox News à l'autre extrémité du prisme politique. J'ai l'impression que les démocrates et les républicains se comportent maintenant sur un mode tribal, préférant la loi de leur clan à celle de la vérité. Un peu comme les anglophones et les francophones au Canada.

**F.P.** : Dernière question : Michel Houellebecq dit qu'il admire votre travail, notamment parce que dans votre roman *Jack Barron et l'éternité*, vous parlez d'un sujet métaphysique, l'immortalité. Comment avez-vous eu cette idée, très originale par rapport aux soucoupes volantes que l'on voit habituellement dans les récits d'anticipation ?

« JE NE SUIS PAS LE PREMIER AUTEUR À AVOIR DISSERTÉ SUR L'IMMORTALITÉ. PRENEZ LE NOUVEAU TESTAMENT, C'ÉTAIT DÉJÀ L'HISTOIRE DE QUELQU'UN QUI DEVIENT ÉTERNEL, N'EST-CE PAS ? »

**NORMAN SPINRAD** : Tout d'abord, permettez-moi de vous dire que vous avez une vision caricaturale de la science-fiction. Les écrivains du genre ne m'ont pas attendu pour imaginer dans leurs romans l'avenir de la médecine, de la génétique, de la religion, etc. Ensuite, je ne suis évidemment pas le premier auteur à avoir disserté sur l'immortalité. Prenez le *Nouveau Testament*, c'était déjà l'histoire de quelqu'un qui devient éternel, n'est-ce pas ? Ce qui est singulier dans *Jack Barron et l'éternité*, c'est que je mélange ce sujet avec la lutte des classes, puisque j'imagine un futur où seuls les riches peuvent se payer l'immortalité, un peu comme les milliardaires qui aujourd'hui s'offrent des voyages dans l'espace. La recette de l'immortalité n'ayant pas encore été découverte, on ne sait pas à ce jour si j'ai vu juste. Seul l'avenir le dira. Mais je suppose que le fric n'a pas fini de régner sur notre planète ◆

# L'ANTIRACISME SAISI PAR L'UTOPISME

## DE LA MIXOPHILIE UNIVERSELLE À LA « CRÉOLISATION DU MONDE »

PAR
PIERRE-ANDRÉ TAGUIEFF

**En débattant de l'avenir de notre civilisation, Michel Onfray et Michel Houellebecq ont inévitablement évoqué Jean-Luc Mélenchon et son éloge de la « créolisation ». Mais quels sont les ressorts idéologiques d'un tel mot, quand il est employé dans un sens anthropologique et pas seulement linguistique ? Nous avons demandé au politologue Pierre-André Taguieff, à qui l'on doit notamment le concept de « mixophilie », de nous éclairer à ce sujet.**

En réaction contre la hantise du métissage – la mixophobie –, qu'on rencontre dans toutes les formes de racisme[1], les antiracistes, à quelques exceptions près, se sont mis à célébrer inconditionnellement le métissage, jusqu'à finir par fonder une nouvelle religion politique, que j'ai appelé naguère la « mixophilie[2] ». Son objectif déclaré est de réaliser par la multiplication et la banalisation des croisements interraciaux l'unité réelle de l'espèce humaine, ce qui présuppose que les appartenances ou les identités raciales constituent des obstacles sur le chemin du cosmopolitisme. Mais la sacralisation du métissage érigée en méthode de salut pour le genre humain s'inscrit aussi, paradoxalement, dans une configuration idéologique plus vaste qui, centrée sur les questions identitaires, bénéficie d'une légitimation académique par la multiplication des *Studies* : aux *Ethnic and Racial Studies*, aux *Cultural Studies*, aux *Subaltern Studies* et aux *Postcolonial Studies* se sont ajoutées les *Mixed Race Studies*[3]. Les universitaires-militants qui y occupent des postes infléchissent la pensée critique dite postcoloniale, dans le sens d'une dénonciation permanente de l'universalisme (« impérialiste ») et de l'humanisme (« colonial ») européens, soumis à une « déconstruction » infinie.

L'extension métaphorique des termes de métissage et d'hybridation au domaine des phénomènes culturels caractérisés par les contacts, les échanges et les emprunts culturels est devenue banale. Elle a donné lieu à ce qui a été appelé « créolisation ». Elle s'est opérée sur le mode de l'évidence, masquant la multiplicité des niveaux de représentation du processus nommé « métissage », oscillant entre le biologique et le social. En outre, les théoriciens optimistes du métissage culturel *(cultural hybridization)* se sont multipliés dans les centres de recherche et les universités. À l'ère du « réseau » planétaire, de la « mixité », de la rencontre ou du « croisement » des cultures (« en mouvement », « nomades » ou « migrantes »), ne va-t-il pas de soi de recourir aux métaphores du « mélange des couleurs » ou du « métissage », qui semblent appeler au « tissage » ou au retissage permanent des « races », des « ethnies » et des « cultures » pour fabriquer une « humanité métissée » ou « créolisée » ? Et ce, en substituant salutairement des « identités métisses » postmodernes, belles comme des images multicolores, aux « identités ethniques » monocolores, ténébreuses et convulsives, soupçonnées de provoquer des « conflits ethniques », voire des « nettoyages ethniques ».

## ORTHODOXIE **CONSENSUELLE**

La doxa intellectuelle contemporaine est fondée sur quatre piliers, incarnant des valeurs et des normes jugées bonnes en elles-mêmes : échange (dialogue, interdépendance, interaction, commerce, inclusion, etc.), mélange (métissage, hybridité, mixité, créolisation, etc.), diversité (différence, identités, pluriel, multiculturel, pluriethnique, etc.), changement (mouvement, avancée, progrès, développement, évolution, croissance, mobilité, fluidité, nomadisme, innovation, etc.[4]). Chacun de ces socles (axiologiques et normatifs)



[1] Taguieff Pierre-André, *"Race" : un mot de trop ?* Science, politique et morale », éd. CNRS, 2018.

[2] Taguieff Pierre-André, *La Force du préjugé. Essai sur le racisme et ses doubles* (éd. La Découverte, 1988) et *Les Fins de l'antiracisme*, éd. Michalon, 1995.

[3] Voir Jayne O. Ifekwunigwe, *« Mixed Race » Studies: a Reader*, éd. Routledge, 2004.

[4] Taguieff Pierre-André , *Les Contre-Réactionnaires. Le progressisme entre illusion et imposture*, éd. Denoël, 2007.

fait l'objet d'un culte et, à ce titre, se traduit dans un discours d'éloge relativement autonome.

La bien-pensance transpolitique ou le politiquement correct de base, disons l'orthodoxie consensuelle, se définit par l'addition de ces quatre objets de culte. Leur horizon commun est celui du cosmopolitisme. La culture *woke* en est l'héritière et le principal mode de vulgarisation dans un style hypermoral, qui présente certains traits d'une nouvelle religion[5]. Le *wokisme* tend à fusionner, non sans tensions, avec cette forme idéologisée de puritanisme et de primitivisme qu'est l'écologisme – qu'il faut soigneusement distinguer de l'écologie comme science de la Terre[6] – notamment grâce à cet échangeur politico-intellectuel qu'est l'écoféminisme[7]. Mais le quatrième pilier, le changement défini comme « progrès », fait obstacle. C'est pourquoi il doit être redéfini comme un changement anti-progrès, c'est-à-dire anticapitaliste, anticroissance, antiproductiviste et antitechniciste, voire antiscience, un changement qui ouvrirait des voies alternatives dans tous les domaines théoriques et pratiques.

**LE WOKISME TEND À FUSIONNER, NON SANS TENSIONS, AVEC CETTE FORME IDÉOLOGISÉE DE PURITANISME ET DE PRIMITIVISME QU'EST L'ÉCOLOGISME.**

## TOUT EST SOCIALEMENT CONSTRUIT, TOUT DOIT ÊTRE DÉCONSTRUIT : LE **BRÉVIAIRE** DES INTELLECTUELS DE GAUCHE

*Homo ideologicus*, aujourd'hui, se reconnaît à ce qu'il célèbre en même temps, sans percevoir les contradictions engendrées, l'échange, le mélange, la diversité et le changement[8]. Son épistémologie standard est empruntée au constructivisme social nord-américain, selon lequel tout ce qui est perçu comme réel ou comme naturel est le produit d'une « construction sociale[9] ». Ce qui avait été un principe méthodologique s'est durci en évidence ontologique : on suppose que rien n'existe qui n'ait été socialement construit[10]. Dans les dernières années du XXe siècle, la bonne nouvelle était enseignée partout dans l'espace universitaire : la « réalité » (en général), la « nature », le « sexe », la « femme » en particulier, le « genre », la « maladie » en général et la « folie » en particulier, la « science », la « criminalité », la « violence », l'« enfance », la « famille », la « race » ou la « nation » devaient être tenus pour des « constructions sociales ». Les « constructionnistes », fortement implantés dans le secteur des sciences sociales, ont passé une alliance durable avec les théoriciens de la « déconstruction », philosophes professionnels pour la plupart, à l'instar de Jacques Derrida, qui, surtout dans les départements de langues, de linguistique et d'arts plastiques ou de cinéma, ont trouvé de nombreux disciples[11]. Le partisan de « la construction sociale de X », sujet type de multiples thèses fabriquées avec la même base référentielle, n'avait plus de contradicteurs publics. Sa victoire était totale dans les années 1990. Et il a conservé aujourd'hui son pouvoir institutionnel, en dépit des critiques dirimantes qui ont pris pour objet les théorisations des déconstructionnistes-constructionnistes, qu'on retrouve dans la littérature néo-féministe, décoloniale et écosophique[12].

L'intellectuel-militant peut renforcer le vertuisme de son discours synthétique en s'affirmant en outre résolument « démocrate », à condition de préciser qu'il importe avant tout de « démo-

[5] Voir Jean-François Braunstein, *La Religion woke*, éd. Grasset, 2022.

[6] Baechler Jean, *Écologie ou Écologisme ? Raison et pertinence des politiques environnementales*, éd. Hermann, 2020.

[7] Merchant Carolyn, *La Mort de la Nature. Les femmes, l'écologie et la révolution scientifique* (2020), (éd. Wildproject, 2021) ; Émilie Hache (dir.), *Reclaim. Recueil de textes écoféministes* (éd. Cambourakis, 2016) ; Jeanne Burgart Goutal, *Être écoféministe. Théories et pratiques* (éd. L'Échappée, 2020).

[8] Taguieff Pierre-André, « Diversité et métissage : un mariage forcé. La pensée-slogan dans le débat sur l'identité française », *Le Débat*, n°159, mars-avril 2010

[9] Berger Peter L. et Luckmann Thomas, *La Construction sociale de la réalité* (1966), éd. Méridiens/Klincksieck, 1986.

[10] Voir Ian Hacking, *Entre science et réalité. La construction sociale de quoi ?* (1999), éd. La Découverte, 2011. Voir aussi Paul Boghossian, *La Peur du savoir* (2006), éd. Agone, 2009.

[11] Taguieff Pierre-André, *Pourquoi déconstruire ? Origines philosophiques et avatars politiques de la* French Theory, éd. H & O, 2022.

[12] Sokal Alan et Bricmont Jean, *Impostures intellectuelles* (éd. Odile Jacob, 1997) ; Pluckrose Helen et Lindsay James, *Le Triomphe des impostures intellectuelles*, éd. H & O, 2021.

cratiser la démocratie », de se mettre avec humilité à l'écoute du « peuple » (non pas le *populus*, mais la *plebs*) ou des « peuples » (opprimés, exploités, etc.), de se montrer soucieux du sort des « minorités » quelles qu'elles soient, de prouver qu'on est un défenseur acharné des « droits humains » (en évitant l'expression incorrecte « droits de l'homme »), qu'on est engagé dans une lutte sans merci contre « le racisme » (plus précisément : le « néo-nazisme », le « sionisme » et l'« islamophobie »), préoccupé par « l'avenir de la planète » (menacé par l'idéologie productiviste et le capitalisme prédateur), etc. L'hyper-constructionnisme contemporain consiste à faire un pas de plus, en postulant que rien ne mérite d'exister qui n'ait été socialement construit. Dès lors, pour rendre une réalité quelconque acceptable, il faut commencer par la déconstruire, pour mieux la reconstruire de fond en comble. Ce révolutionnarisme des intellectuels s'est politisé en inspirant les divers courants du postcolonialisme, du décolonialisme, du féminisme intersectionnel et de la « théorie critique de la race[13] ».

## PARTOUT, L'AMOUR DU **MÉTISSAGE**

Dans cette configuration politico-culturelle, la mixophilie occupe une place privilégiée, mais problématique et ambiguë, en tant que fondement de valeurs et de normes justifiant des interdits fondés sur le politiquement correct et assortis de divers types de sanctions institutionnelles. L'exemple le plus trivial est fourni par l'argument mixophile tel qu'il intervient dans la lutte antiraciste, où il est sollicité de plusieurs manières – pour nier l'existence des « races » chez l'homme (« nous sommes tous des métis ») ou pour déterminer un type physique humain idéal ayant valeur normative, qui ne peut être qu'un type métissé. La « blancheur » ou la « blanchité », voilà l'ennemi. L'insupportable « monochromie » ne concerne que les « Blancs » (Occidentaux, Européens, « Français de souche », etc.), cette « construction sociale » répulsive, qui regroupe toutes les populations « d'origine non immigrée », soit les mauvais « autochtones[14] ». Autre exemple : le recours à la mixophilie pour lutter contre l'homophobie, alors même que les deux luttes n'ont rien à voir entre elles. La mixophilie est ainsi devenue le drapeau du nouveau parti du Bien.

Considérons l'argument avancé le 4 octobre 2010 par un responsable de l'établissement Le Cargo (Caen), pour justifier son refus d'accueillir comme prévu le 7 octobre 2010 le groupe de rap Sexion d'Assaut, accusé de tenir des propos homophobes : les valeurs que nous défendons, déclare-t-il, sont « les valeurs de mixité, de métissage, de mélange ». On pourrait ironiser sur cette étrange défense de l'homosexualité par la « mixité » et sur le rapprochement incongru de ces axiomes idéologiques : l'homophobie, c'est mal ; le métissage, c'est bien. Pour les mixophiles, le seul bon « sang », c'est le « sang mêlé ». La conclusion est la suivante : en optant pour le métissage et le rejet de l'homophobie, les antiracistes sont des représentants du Bien. Sur un tout autre front, celui de la gastronomie, on rencontre avec gourmandise le « métissage culinaire » célébré par le chef étoilé Olivier Roellinger, qui l'oppose au « monde immobile, amer et renfermé, conservateur, traditionaliste[15] ». La révolution culturelle d'aujourd'hui est résolument « bougiste », mélangiste, inclusiviste et échangiste.

Les traductions politiques de la gnose mixophile permettent d'identifier désormais la gauche dite sociétale, privilégiant les thèmes culturels et moraux tels qu'ils sont formulés par les néo-féministes et les néo-antiracistes. L'antiracisme français, qui était jusqu'au début des années 1980 aveugle à la couleur au nom de l'universalisme égalitaire de



[13] Taguieff Pierre-André, *L'Imposture décoloniale. Science imaginaire et pseudo-antiracisme*, éd. L'Observatoire, 2020.

[14] Voir Jean-Claude Michéa, *Le Complexe d'Orphée. La gauche, les gens ordinaires et la religion du progrès*, éd. Climats, 2011.

[15] Roellinger Olivier, « Les saveurs du métissage », *Libération*, 26/03/2010.

tradition républicaine, s'est transformé en un antiracisme mixophile prônant le métissage comme une norme majeure. Deux slogans antiracistes, se présentant comme des définitions mixophiles de la nation française, ont été massivement diffusés lors de la seconde Marche pour l'égalité (1984): « La France, c'est comme une Mobylette. Pour avancer, il lui faut du mélange »; « Super, la France marche au mélange ». Lors d'une manifestation de SOS Racisme, en novembre 1987, on pouvait voir une banderole portant l'inscription caricaturalement « mélangiste »: « Couscous. Pizza. Cassoulet. Paella, Même combat[16]. » On lisait en février 2007 sur le site officiel de SOS Racisme: « Nous opposons au communautarisme et au racisme, le métissage et l'antiracisme (...) Faire de notre pays une terre de métissage (...) pour que les gens se battent sur des perspectives positives en ayant la volonté de bâtir la République métissée. » Candidate à l'élection présidentielle de 2007, Ségolène Royal a montré qu'elle s'efforçait à son tour d'ajuster son discours aux « valeurs » censées être celles de son auditoire en recourant à des métaphores sloganisées, par exemple celle de la « France métissée ». En visite aux Antilles, fin janvier 2007, Mme Royal, après s'être prononcée pour la « reconnaissance des identités », a déclaré vouloir être aussi « la Présidente d'une France métissée qui s'assume comme telle[17] ». Le discours démagogique se reconnaît au fait qu'il ne respecte pas le principe de non-contradiction et véhicule en même temps des propositions contraires ou contradictoires. Qu'importe la contradiction au démagogue, pourvu qu'il fasse rêver en célébrant confusément, comme lors de la finale de football gagnée par l'équipe « Black-Blanc-Beur » hexagonale, « la France de toutes les couleurs », la « France métissée » ou la « République multicolore ». Le 24 janvier 2012, au nom de l'association Terra Nova, Marc Cheb Sun et Olivier Ferrand publiaient dans *Respect Mag* un éditorial intitulé « France métissée 2012 : l'appel aux candidats ».

**QU'IMPORTE LA CONTRADICTION AU DÉMAGOGUE, POURVU QU'IL FASSE RÊVER EN CÉLÉBRANT CONFUSÉMENT, COMME LORS DE LA FINALE DE FOOTBALL GAGNÉE PAR L'ÉQUIPE « BLACK-BLANC-BEUR » HEXAGONALE, « LA FRANCE DE TOUTES LES COULEURS ».**

## LA « CHANCE » DE LA FRANCE

Dans la rhétorique d'origine antiraciste réinvestie dans le discours politique orthodoxe, on rencontre ainsi à la fois un éloge immodéré de la « diversité » (accompagné d'un appel à « respecter » cette dernière) et une célébration quasi-religieuse du « métissage », présenté comme un fait positif et comme un programme d'action enthousiasmant. On en trouve un exemple dans un passage hautement significatif du discours de Nicolas Sarkozy à l'École polytechnique, le 17 décembre 2008. Il s'agit d'un hymne au « métissage » supposé créateur de la France, un « métissage » à la fois ethnoracial et culturel, célébré comme ayant eu lieu dans le passé et préconisé comme méthode de salut pour l'avenir:

« Quel est l'objectif? Cela va faire parler, mais l'objectif, c'est relever le défi du métissage; défi du métissage que nous adresse le XXI^e siècle. Le défi du métissage, la France l'a toujours connu et en relevant le défi du métis-

[16] Photo Alain Pinoges, CIRIC, reproduite *in Ethnologie française*, avril-juin 1993.

[17] Ségolène Royal, citée par David Revault d'Allonnes, « Royal, repartir de loin », *Libération*, 29/01/2007.

sage, la France est fidèle à son histoire. D'ailleurs, c'est la consanguinité qui a toujours provoqué la fin des civilisations et des sociétés. Disons les choses comme elles sont : jamais le métissage. La France a toujours été, au cours des siècles, métissée. La France a métissé les cultures, les idées, les histoires. Et l'universalisme de la France n'est rien d'autre que le fruit de ce constant métissage (…). »

À Marseille, le 14 mars 2012, lors d'un meeting en plein air, devant des dizaines de milliers de personnes encadrées par des drapeaux rouges et scandant « résistance, résistance ! », l'eurodéputé Jean-Luc Mélenchon, devenu tribun du peuple galvanisé par des sondages le donnant à 14-15 % des intentions de vote, commençait par s'écrier, le poing levé et tout sourire « citoyen » : « Comme vous êtes émouvants, grands, beaux ! » Puis le tribun lançait à la foule, sa foule, quelques slogans flatteurs : « Marseille est la plus française des villes de notre République » et « Marseille nous dit que notre chance, c'est le métissage », saluant « les Arabes et les Berbères » sous les « youyous », en affirmant que « les peuples du Maghreb sont nos frères et nos sœurs » et qu'il n'y a « pas d'avenir pour la France[18] » sans eux. Le message est clair : l'avenir, c'est le métissage. Mais cet avenir radieux est déjà porté par un présent prometteur. Le métissage est le « ce sans quoi » la France ne peut plus vivre, en même temps que le « ce par quoi » elle peut vivre mieux. Le salut du peuple français consiste à se changer par le « métissage ». On savait, grâce à Bernard Stasi, que l'immigration était « une chance pour la France ». On doit désormais savoir, grâce au meneur de foules Jean-Luc Mélenchon, que le métissage est « la chance de la France ».

## LE **SALUT** PAR LA « CRÉOLISATION »

Opposé par Jean-Luc Mélenchon au récit catastrophiste du grand remplacement théorisé par Renaud Camus et exploité politiquement par Éric Zemmour, le grand récit de la « créolisation » du monde et de la France en particulier est devenu l'un des principaux mythes attractifs contemporains, du moins dans le milieu des élites, de gauche comme de droite, favorable à la mondialisation.

**LE GRAND RÉCIT DE LA « CRÉOLISATION » DU MONDE ET DE LA FRANCE EN PARTICULIER EST DEVENU L'UN DES PRINCIPAUX MYTHES ATTRACTIFS CONTEMPORAINS, DU MOINS DANS LE MILIEU DES ÉLITES, DE GAUCHE COMME DE DROITE, FAVORABLE À LA MONDIALISATION.**

Mais l'idée de « créolisation » a une histoire, voire une préhistoire. C'est à l'intersection de la littérature et de la politique qu'est apparu un mouvement culturel de langue française centré sur la promotion de la « créolité ». En 1989, Jean Bernabé, Patrick Chamoiseau et Raphaël Confiant, trois figures littéraires antillaises, publiaient leur *Éloge de la créolité* qui semblait sonner le glas des classiques éloges de la négritude de la génération d'Aimé Césaire et de Léopold Sédar Senghor. D'entrée de jeu, les trois auteurs affirmaient leur identité collective : « Ni Européens, ni Africains, ni Asiatiques, nous nous proclamons Créoles[19]. » Le propos de l'ouvrage-manifeste était de définir la « créolité » en tant qu'identité complexe, par opposition à une uni-



[18] Stasi Bernard, *L'Immigration : une chance pour la France*, éd. Robert Laffont, 1992.

[19] Bernabé Jean, Chamoiseau Patrick et Confiant Raphaël, *Éloge de la créolité*, éd. Gallimard, 1989.

versalité trompeuse en son abstraction autant qu'à une négritude réductrice :

« Nous déclarons que la Créolité est le ciment de notre culture et qu'elle doit régir les fondations de notre antillanité. La Créolité est l'agrégat interactionnel ou transactionnel des éléments culturels caraïbes, européens, africains, asiatiques, et levantins, que le joug de l'Histoire a réunis sur le même sol (...). Notre Histoire est une tresse d'histoires. (...) Du fait de sa mosaïque constitutive, la Créolité est une spécificité ouverte. (...) le principe même de notre identité est la complexité[20]. »

N'est-ce pas là retrouver, dans un tout autre contexte, la vieille notion d'une « multiplicité dans l'unité », par laquelle certains philosophes ou théoriciens politiques croyaient naguère pouvoir définir les États-Unis dans leur spécificité[21] ? Dès lors, le modèle de la « diversité dans l'unité » serait-il lié à la « gestion pragmatique du pluralisme dans les sociétés créoles[22] », n'est-il pas doté d'une extension trop grande ? Les mailles du filet conceptuel ne sont-elles pas trop larges ? Il y a plus significatif. L'éloge de la « créolisation » par les trois écrivains antillais ne se limitait pas à l'espace littéraire. Il débordait le champ esthétique pour s'ériger en vision du monde, comprenant une éthique et une politique.

## L'OCCIDENT, LE GRAND **SATAN**

C'est cette vision ambitieuse qu'on trouve dans l'œuvre de l'écrivain-essayiste Édouard Glissant[23], qui commence son *Traité du Tout-Monde* (1997) par cette célébration du métissage : « La pensée du métissage, de la valeur tremblante non pas seulement des métissages culturels mais, plus avant, des cultures de métissage, qui nous préservent peut-être des limites ou des intolérances qui nous guettent, et nous ouvriront de nouveaux espaces de relation[24]. » L'hybridité est ainsi valorisée à l'extrême, comme expérience humaine, méthode d'invention et de création, et aussi comme style de vie caractérisé par sa « richesse » et son « ouverture ». C'est là suggérer qu'une existence métissée constitue la plus haute forme de l'existence humaine. Le métissage, métaphoriquement généralisé, tend ainsi à devenir une méthode de salut. Le mot « métissage » lui-même prend une valeur magique : il est invoqué comme une force agissante. Le discours mixophile se fait à la fois militant et prophétique sous la plume d'Édouard Glissant et Patrick Chamoiseau. Mais le sens se perd dans l'accumulation de formules obscures telles que « La créolisation est un métissage en bouleversements, avec des résultantes inattendues[25] », « Toute beauté est Relation », ou « Il n'y a de puissance que dans la Relation, et cette puissance est celle de tous ». Il y a là l'expression d'une certaine naïveté, dont le principe consiste à croire qu'on échappe à l'essentialisme en affirmant la beauté de la « créolité » comme mouvement ou processus, c'est-à-dire comme créolisation. Mais la relation elle-même peut être essentialisée, contrairement à ce que semblent croire ces deux militants-prophètes. Comment ne pas voir qu'il s'agit là de facilités rhétoriques, reconduisant des illusions persistantes ?

Dans un entretien publié par *Le Monde 2* en 2005, l'écrivain-mage Édouard Glissant nous annonce la bonne nouvelle : « L'Europe se créolise. » La « créolisation » étant à ses yeux un processus positif, sa progression universelle, jugée par lui « irréversible », doit être considérée comme un progrès. Telle est sa pensée unique. Il commence donc par formuler un diagnostic optimiste sur la situation du monde en cours de « créolisation » : « Nous vivons dans un bouleversement perpétuel où les civilisations s'entrecroisent, des pans entiers de culture basculent et s'entremêlent, où ceux qui s'effraient du métissage deviennent des extrémistes. C'est ce que j'appelle le "chaos-monde". (...)

[20] *Ibid.*, pp. 26-28.

[21] Kallen Horace M., *Culture and Democracy in the United States*, éd. Boni & Liveright, 1924.

[22] Bonniol Jean-Luc et Benoist Jean, « La diversité dans l'unité : la gestion pragmatique du pluralisme dans les sociétés créoles », *in* Sélim Abou et Katia Haddad (dir.), *La Diversité linguistique et les enjeux du développement*, éd. université Saint-Joseph de Beyrouth, 1997.

[23] Glissant Édouard, *Poétique de la Relation. Poétique III* (éd. Gallimard, 1990) et *Traité du Tout-Monde. Poétique IV*, éd. Gallimard, 1997.

[24] Glissant Édouard, *Traité du Tout-Monde, op. cit.*

[25] Glissant Édouard et Chamoiseau Patrick, *L'Intraitable beauté du monde. Adresse à Barack Obama*, éd. Galaade, 2009.

Je crois que seules des pensées incertaines de leur puissance, des pensées du tremblement où jouent la peur, l'irrésolu, la crainte, le doute, l'ambiguïté saisissent mieux les bouleversements en cours. Des pensées métisses, des pensées ouvertes, des pensées créoles. »

Puis il donne en guise de définition de la « créolisation » cet éloge impressionniste et allusif : « La créolisation, c'est un métissage d'arts, ou de langages qui produit de l'inattendu. C'est une façon de se transformer de façon continue sans se perdre. C'est un espace où la dispersion permet de se rassembler, où les chocs de culture, la disharmonie, le désordre, l'interférence deviennent créateurs. C'est la création d'une culture ouverte et inextricable, qui bouscule l'uniformisation par les grandes centrales médiatiques et artistiques. »

Hormis quelques variations rhétoriques sur le même thème et diverses broderies de style littéraire appuyé, nous n'en saurons pas plus sur la notion-clé du « grand écrivain » antillais, disparu le 3 février 2011. Le concept n'était assurément pas son fort.

Dans de courts textes d'interventions des années 2000, éloignés de la philosophie non moins que de la poésie, et publiés en coédition avec l'Institut du Tout-Monde, Glissant et Chamoiseau paraissent entonner sans se lasser les mêmes hymnes et les mêmes prières, et aussi les mêmes imprécations, comme s'ils s'étaient transformés en officiants du culte de la déesse « identité relation » ou du divin « métissage[26] », et en dénonciateurs des figures de Satan, le contraire et l'ennemi de « Tout-Monde ». Satanisation de « l'identité » (toujours « fixe »), du « mur identitaire » qui, affirment les deux prophètes à l'évidence soucieux de ne rien oublier du calvaire de l'histoire mondiale, « a donné les éternelles confrontations de peuples, les empires, les expansions coloniales, la traite des nègres, les atrocités de l'esclavage américain, les horreurs impensables de la Shoah, et tous les génocides connus et inconnus ». Mais, bien entendu, parmi tous les coupables, c'est à l'Occident que revient la palme : « Le côté mur de l'identité a existé, existe encore, dans toutes les cultures, chez tous les peuples, mais c'est en Occident qu'il s'est avéré le plus dévastateur, sous l'amplification des sciences et des technologies[27]. » Venant de celui qui a dirigé *Le Courrier de l'Unesco* de 1982 à 1988, cette mise en accusation de « l'Occident », berceau du « racisme », n'a rien de surprenant. Le « Grand Satan » des penseurs du métissage salvateur, c'est « l'Occident ».

Il faut distinguer cependant le recours à la « créolisation » comme concept ou modèle descriptif en sciences sociales, qui fait l'objet de discussions savantes[28], de ses usages idéologico-politiques ou politico-culturels plus ou moins fantasmatiques et démagogiques. Pour les idéologues de la « créolisation », il s'agit d'en finir avec le racisme, le nationalisme et la xénophobie, et plus généralement avec la haine, la peur et le mépris entre les groupes humains, en s'attaquant à leur cause profonde supposée : la vision essentialiste des identités collectives, censée empêcher les interactions, les croisements et les hybridations, qui définissent les « bons » changements. La question démographique est dès lors secondaire, tandis que les inquiétudes portant sur l'identité nationale et les effets négatifs de l'immigration sont réduits à des fantasmes[29].

## DISPARITION DES **RACES**

Dans cette perspective, l'immigration est perçue comme un enrichissement et l'assimilation comme une abomination – ce qui revient à considérer comme une évidence ce que Marcel Gauchet appelle la « légende noire de l'assimilation qui s'est mise en place dans les années 1970[30] », faisant de l'assimilation une forme d'ethnocide. L'objectif militant est d'effacer les différences intergroupes



[26] Glissant Édouard et Chamoiseau Patrick, *Quand les murs tombent. L'identité nationale hors-la-loi ?* (éd. Galaade, 2007) et *L'Intraitable beauté du monde, op. cit.*

[27] Glissant Édouard et Chamoiseau Patrick, *Quand les murs tombent, op. cit.*

[28] Voir Jean-Luc Bonniol, « Au prisme de la créolisation. Tentative d'épuisement d'un concept ». *L'Homme*, n°207-208, 2013

[29] Dans les lignes qui suivent, j'emprunte des matériaux à mon livre *Le Grand Remplacement ou la politique du mythe. Généalogie d'une représentation polémique*, éd. L'Observatoire, 2002.

[30] Gauchet Marcel, avec Conan Éric et Azouvi François, *Macron, les leçons d'un échec. Comprendre le malheur français II*, éd. Stock, 2021.

potentiellement conflictuelles, en vue d'unifier et de pacifier le genre humain par le mélange généralisé, au niveau somatique comme au niveau culturel. La question du métissage, du croisement ou de l'hybridation est ainsi revisitée dans une perspective positive, ce qui rompt avec une tradition mixophobe postulant que le métissage est une cause d'abaissement, de « médiocrisation » et de déclin, voire de décadence finale. Il faut souligner en effet que l'idée de la « créolisation du monde » est le produit d'une inversion de la mixophobie gobiniste en une mixophilie rédemptrice. Le métissage biologique est censé faire disparaître les races distinctes, causes supposées de conflits, et les hybridations culturelles sont censées effacer les barrières entre cultures fermées sur elles-mêmes, sources d'incommunication et d'incompréhension.

**ON PEUT CONSIDÉRER EN EFFET QUE LA « CRÉOLISATION » IMPLIQUE UN ETHNOCIDE, PUISQUE LA POPULATION ET LA CULTURE CRÉOLISÉES SONT CENSÉES REMPLACER LA POPULATION ET LA CULTURE FRANÇAISE TRADITIONNELLES, NON CRÉOLISÉES.**

## AVENIR ET UTOPIE

La créolisation, rendue possible par l'immigration, est le nom d'une régénération, nouvelle promesse d'un avenir radieux. L'utopie est celle de la création progressive, jugée inévitable, d'un peuple nouveau. Il fallait déconstruire le vieux peuple français pour que puisse être construit le peuple créolisé. Longtemps défendue par une extrême gauche puisant dans la rhétorique compassionnelle faisant de l'immigré une victime, l'immigration est désormais célébrée comme un précieux apport de « richesses culturelles » ou comme un don de sang nouveau et régénérateur, le tout voué à fusionner pour faire naître la France de demain. Le 21 septembre 2020, à l'occasion du lancement du *think tank* néo-gauchiste baptisé Institut La Boétie, Jean-Luc Mélenchon, disant réagir contre « l'obscurantisme » et ce, « en pleine zemmourisation de l'espace intellectuel », a résumé sa vision enchantée de la société française en cours de « créolisation » :

« Notre peuple s'est créolisé, vous ne le savez pas, vous ne voulez pas le savoir, vous ne voulez pas en entendre parler. Vous n'avez pas vu comment était le peuple français aujourd'hui, vous ne savez pas qui c'est, vous ne vous baladez jamais ? Bien sûr, le peuple français a commencé une forme de créolisation, qui est nouvelle dans notre histoire. Mais il ne faut pas en avoir peur, c'est bien ! On avance, on bouge, on respire, on vit ! »

Au cours de son débat avec Éric Zemmour sur BFM TV le 23 septembre 2021, Jean-Luc Mélenchon a rejeté l'assimilation comme une chimère : « L'assimilation ça n'existe pas, ce qui existe c'est la créolisation. Et on passe par des étapes. » À l'en croire, ce processus socialement observable « produit une culture commune » dont on attend qu'il la définisse précisément, si la chose est possible. Des illustrations telles que la Martinique, la Guadeloupe ou la Réunion ne constituent pas des définitions. Mais, d'entrée de jeu, une première objection fondamentale s'impose. On peut considérer en effet que la « créolisation » implique un ethnocide, puisque la population et la culture créolisées sont censées remplacer la population et la culture française traditionnelles, non créolisées. Il s'agit bien d'un remplacement, qu'il faut interpréter de deux manières : « mettre à la place de » et « prendre les places à ». Le processus de « créolisation » implique une forme de « dégagisme » populationnel et culturel. De phénomène supposé observable, la « créolisation » se transforme en une méthode permettant d'accomplir un changement de population et un changement d'identité collective, célébrés comme un progrès en ce qu'ils sont censés accomplir une désessentialisation des représentations sociales. C'est là présupposer que le modèle antillais est un modèle normatif, en même temps qu'une nouvelle loi de l'histoire, en tant que processus mélioratif inéluctable.

Le 23 octobre 2021, à Lille, Anne Hidalgo concluait ainsi son premier discours de campagne présidentielle : « Je serai la Présidente de cette France métissée et rassemblée, car c'est l'union qui fait la France[31]. » La « France métissée » de la candidate Hidalgo se confond avec la « France créolisée » du candidat Mélenchon. Le bon mélange fait le bon changement, qui fait perdre aux citoyens français toute mémoire historique étrangère à la criminalisation rétrospective du passé de la nation française. La société multiculturelle est présentée comme un fait observable et désirable. L'idée d'une identité française est expulsée du domaine des récits acceptables. Le même processus peut donc être vu avec les yeux de l'amour et baptisé « créolisation » – ou encore, et contradictoirement, « diversité croissante » et « métissage », soit ce processus subtilement monstrueux que j'ai baptisé ironiquement le « divertissage » –, ou bien rejeté avec un sentiment d'horreur et être baptisé « grand remplacement ».

[31] Anne Hidalgo, citée par Astrid de Villaines sur le site du Huffington Post français le 24/10/2021.

## LE MÉTISSAGE **SALVATEUR**

À la mythologisation de l'identité nationale menacée telle qu'elle est politiquement exploitée à droite par les théoriciens du grand remplacement, s'oppose ainsi, à gauche, une nouvelle mythologisation du métissage salvateur, censé faire heureusement disparaître les identités collectives qui divisent le genre humain. Mais l'on peut formuler une autre hypothèse sur l'objectif politique réel et la stratégie des idéologues néo-gauchistes de la « créolisation » en France : favoriser par tous les moyens le grand remplacement pour prendre le pouvoir. Invité du *Grand rendez-vous* d'Europe 1/CNews/*Les Échos* le 26 juin 2022, Alain Finkielkraut a ainsi accusé les dirigeants de LFI de « complaisance à l'égard de l'islamisme et de l'antisémitisme », puis a déclaré : « Ils misent sur le grand remplacement pour arriver un jour ou l'autre au pouvoir. » Dans cette perspective, l'éloge de la « créolisation » ne serait qu'une arme rhétorique destinée à faire diversion, quelque chose comme un masque pseudo-antiraciste, le vrai combat étant ailleurs : construire une majorité sur des bases ethniques et religieuses particulières (immigration d'origine extra-européenne et islam) afin d'accéder au pouvoir. Tel serait le projet politique clientéliste de type ethno-communautariste, qui reste à ce jour informulé pour des raisons facilement compréhensibles, de Jean-Luc Mélenchon et des dirigeants de La France insoumise (LFI). Cette majorité électorale désirée ne pourrait se former qu'en rassemblant, autour d'un bloc de gauche – dont la NUPES, alliance électorale de circonstance, est l'esquisse – les voix des citoyens français issus de l'immigration extra-européenne et des musulmans. D'où le discours immigrationniste[32] et islamophile de la nouvelle extrême gauche – le néo-gauchisme tel qu'il s'est construit au cours des trente dernières années[33] –, un discours démagogique qui consiste à prétendre représenter et défendre les victimes du « néo-libéralisme » et du « racisme systémique », c'est-à-dire tous les exclus, les précarisés, les exploités, les discriminés et les « racisés ».

**LE MODE DE PENSÉE ESSENTIALISTE N'AFFECTE DONC PAS SEULEMENT L'IMAGINAIRE MIXOPHOBE : IL PEUT SE RÉINVESTIR DANS LA CÉLÉBRATION DU TYPE MÉTISSÉ, ÉRIGÉ EN TYPE HUMAIN SUPÉRIEUR, OBJET D'UNE PRÉFÉRENCE MORALE ET ESTHÉTIQUE.**

Le fait observable aussi remarquable qu'inquiétant, c'est la conjonction des immigrationnismes de gauche et de droite : les révolutionnaires internationalistes et les idéologues néo-libéraux du marché mondial défendent le principe d'une ouverture sans limite de tous les pays à tous les migrants qui désirent s'y installer. On pourrait parler ici d'une tenaille anti-identitaire. La destruction des États-nations est au centre de leur programme commun.

## AU CŒUR DU NÉO-ANTIRACISME : L'**UTOPIE** MIXOPHILE

À travers un certain nombre d'extensions et de déplacements du mode de pensée essentialiste s'est constitué un dogmatisme mixophile qui n'a rien à envier à l'imaginaire mixophobe situé au cœur du vieux racisme biologisant. Le statut de l'énoncé constatif « c'est un métis » ne diffère en rien de celui d'énoncés tels que « c'est un Blanc » (ou « un Européen ») ou « c'est un Noir » (ou « un Africain »). Dans les trois cas, le mode constatif peut être soupçonné de masquer une essentialisation des catégories évoquées. Mais l'essentialisation du « métis » s'est accompagnée d'un processus de valorisation du type métissé. La supériorité du métis est attribuée à la pluralité de ses origines, censée définir la « richesse » incarnée par ce type humain échappant à la triple malédiction de l'un, de l'homogène et du pur. Bref, au racisme mixophobe, consensuellement reconnu, rejeté et dénoncé, s'est ajouté un racisme mixophile qui reste socialement non reconnu comme tel, tout en étant indirectement valorisé à travers les éloges consensuels du mélange, de l'hybridation, du métissage ou de la créolisation, et ce, au nom de l'antiracisme, position qui reste moralement confortable en dépit des critiques qui l'ont prise pour objet. Le mode de pensée essentialiste n'affecte donc pas seulement l'imaginaire mixophobe : il peut se réinvestir dans la célébration du type métissé, érigé en type humain supérieur, objet d'une préférence morale et esthétique.

On doit à Jacques Attali, exposant sa vision normative du présent et de l'avenir, d'avoir formulé en 1996 une frappante synthèse idéologique du bou-

[32] Voir Pierre-André Taguieff, *Les Contre-réactionnaires*, *op. cit.*

[33] Taguieff Pierre-André, « L'éternelle renaissance de l'espace néo-gauchiste : néo-antifascistes et néo-antiracistes », *Revue politique et parlementaire*, n° 1103, avril-mai-juin 2022.

gisme, du novisme et de la mixophilie (ou du « mélangisme »), qu'il célèbre comme une « révolution culturelle » : « L'acceptation du neuf comme une bonne nouvelle, de la précarité comme une valeur, de l'instabilité comme une urgence et du métissage comme une richesse, la création de ces tribus de nomades sans cesse adaptables, libérant mille énergies et porteuses de solidarités originales[34]. » Telle est, depuis les années 1980, la forme hégémonique du messianisme des élites.

Dans un article incisif, Stéphane Perrier, après avoir souligné comment le bien est désormais dans l'affirmation de l'autre et le mal dans l'affirmation de soi ou du « nous » (qui produit de la culpabilité), caractérise la mixophilie comme nouvelle religion de salut, qui fait de l'« impureté » ethnoraciale un mode de régénération des vieux peuples « blancs » : « L'aspect le plus saillant de ce phénomène est sans doute le culte actuel du métissage, dans lequel on reconnaît aisément le renversement du culte nazi de la pureté. Le métis est l'"homme nouveau" de notre temps comme l'aryen était celui du III$^{e}$ Reich. (…) À l'exaltation délirante de la "race blanche" par les nazis répond aujourd'hui l'excès contraire, une condamnation sans appel. Le métissage est considéré comme un besoin vital de la "race blanche", qui, après s'être vu intimer l'ordre de se préserver des autres races sous peine d'un inévitable déclin, doit désormais trouver son salut, toujours contre un déclin autrement inévitable, dans le brassage permanent de ses gênes, sarments desséchés que seuls des apports extérieurs peuvent encore revivifier[35]. »

## **EFFACEMENT** DES ORIGINES

Dans l'imaginaire révolutionnaire/émancipationniste restructuré par le néo-antiracisme, qu'il s'agisse de sa version académique ou de ses traductions militantes, la lutte finale contre les discriminations raciales a remplacé la lutte des classes et la promesse d'une société sans classe. L'égalitarisme du mélange parfait a remplacé l'égalitarisme de la société des égaux. Le nouvel horizon de l'émancipation est le mélange égalitaire des groupes humains – peuples, nations, ethnies, races. La vieille promesse antiraciste de la « fusion des races[36] » par les croisements interraciaux généralisés ou de l'assimilation universelle déracialisante, théorisée dès la fin du XIX$^{e}$ siècle[37], prend l'allure de l'objectif final d'un programme révolutionnaire en cours de réalisation. L'utopie du métissage égalitaire est la dernière version de l'utopie de la libération : les hommes doivent sortir de l'esclavage des appartenances, l'appartenance raciale étant la plus lourde des appartenances. Ou, selon le poncif néo-antiraciste : ils doivent cesser d'être « assignés à résidence identitaire ». Or, si les hommes doivent se libérer des limites imposées par leurs appartenances de groupe, leurs dernières « chaînes », comment mieux le faire qu'en effaçant toutes les marques somatiques et culturelles de leurs identités collectives ?

**L'UTOPIE DU MÉTISSAGE ÉGALITAIRE EST LA DERNIÈRE VERSION DE L'UTOPIE DE LA LIBÉRATION : LES HOMMES DOIVENT SORTIR DE L'ESCLAVAGE DES APPARTENANCES, L'APPARTENANCE RACIALE ÉTANT LA PLUS LOURDE DES APPARTENANCES.**



[34] Attali Jacques, « La surclasse », *Le Monde*, 07/03/1996.

[35] Perrier Stéphane, « L'universel ou le néant ? Retour sur le malaise français », *Le Débat*, n°178, janvier-février 2014.

[36] Voir par exemple Jacques Novicow, *L'Avenir de la race blanche. Critique du pessimisme contemporain*, éd. Félix Alcan, 1902.

[37] Voir Pierre-André Taguieff, *Les Fins de l'antiracisme*, *op. cit.*

Tel qu'il est fantasmé par les néo-antiracistes, le métissage parfait fabrique des individus sans appartenances visibles. Pour de nombreux activistes enthousiastes, le projet d'un effacement des origines et des identités serait en passe de se réaliser. C'est la grande révolution finale de l'égalité universelle : l'égalisation comme indifférenciation. Mais c'est là une illusion militante : l'indifférenciation rêvée, censée empêcher toute catégorisation hiérarchisante, ne se réalise jamais, elle ne fait que rebattre les cartes du système des différences possibles. D'autres catégorisations surgissent inévitablement, à partir de petites différences jusque-là invisibles. Et toute différence perceptible est susceptible d'être interprétée comme différence de valeur. En témoigne le cas du Brésil, où les utopies mixophiles se sont heurtées à la réalité persistante des microdifférences raciales ainsi qu'à de nouvelles revendications identitaires fondées sur les origines[38]. Le métissage parfaitement indifférenciateur et égalisateur n'est qu'une utopie, qui n'a cessé de jouer le rôle de l'opium des intellectuels antiracistes.

## **MÉTAPHORES** TROMPEUSES

La nouvelle scène mixophile s'oppose à la vieille scène mixophobe, tout en en reconduisant certains présupposés, notamment d'ordre racialiste. Il y a une ruse de l'histoire intellectuelle qu'on peut ainsi définir : le mode de pensée essentialiste n'affecte pas seulement l'imaginaire mixophobe, il peut se réinvestir dans la célébration du type métissé, érigé en type humain supérieur, objet d'une préférence morale, esthétique et politique. S'il est vrai, comme l'affirment Lakoff et Johnson[39], que les humains ne peuvent penser sans recourir à des métaphores, il reste à régler l'usage de ces dernières. Car, non contrôlées, les métaphores peuvent servir à masquer ou à déformer les phénomènes qu'elles permettent de catégoriser. Par exemple, l'éloge du « métis » Obama, érigé en Messie, a pu avoir pour effet, ni voulu ni prévu, de cacher la réalité des conflits ethnoraciaux aux États-Unis, en laissant croire que le problème de la « race » n'y existait plus, qu'il y était désormais « dépassé ». Dans l'après-Obama, sous le règne de Donald Trump, le voile mixophile a été brutalement arraché, pour donner à voir une société profondément divisée sur des bases raciales, où les conflits les plus violents opposent Noirs et Blancs, « Afro-Américains » et « Caucasiens ». Le mythe d'une Amérique post-raciale s'est dissipé en même temps que s'est effondrée l'utopie d'une Amérique transraciale.

Dans le jeu des *phobies* et des *philies*, les inversions simples ou les renversements dans le contraire ne peuvent produire que des solutions illusoires. L'enfermement dans le cercle des passions exclusives et des croyances dogmatiques est le même quand on bascule de la xénophobie à la xénophilie ou de la mixophobie à la mixophilie. La xénophilie et la mixophilie sont aussi des machines à fabriquer les ennemis, au nom du bien ou de la vertu.

Des « croisements » aux « branchements » en passant par les « hybridations » et les « métissages », des « identités métisses » à la « pensée métisse », d'une « République métissée » à une « humanité métissée » ou « créolisée » comme horizon indépassable, voire à l'éloge du « métis » comme nouvelle « race supérieure » ou nouvelle figure de « l'homme nouveau », n'assiste-t-on pas à une vaine parade de métaphores trompeuses, impensées, dangereuses dans leurs effets de sens non contrôlés, exprimant l'impuissance conceptuelle des sociologues, des politistes et des anthropologues comme des philosophes face aux conséquences culturelles de la globalisation ? Pour commencer à penser, il faut avoir le courage de se passer des métaphores scintillantes et aveuglantes qui soutiennent l'intellectuel engagé comme la corde le pendu. ◆

[38]Gutel Cécilia et Le Guirriec Patrick, « Le métissage brésilien. Du "mélange" généralisé au rappel des origines », *Anthropologie et Sociétés*, n°38, 2014.

[39]Lakoff George et Johnson Mark, *Les Métaphores dans la vie quotidienne* (1980), éd. Minuit, 1985.

JIHAD

# L'ISLAM PEUT-IL SOUMETTRE L'OCCIDENT ?

PAR
BAT YE'OR

**Dans *Soumission*, l'un des personnages principaux, Alain Tanneur, est un espion français, membre de la DGSI (Direction générale de la sécurité intérieure). L'histoire ne dit pas si ce redoutable agent secret, qui a « consacré l'ensemble de sa vie à enquêter sur le dessous des cartes », est aussi bien renseigné qu'il l'affirme. Mais au milieu du récit, Michel Houellebecq lui fait dire ceci : « Dans un sens, la vieille Bat Ye'or n'a pas tort avec son fantasme de complot Eurabia. » De quoi parle-t-il ? Que recouvre le mot-valise « Eurabia » (contraction d'« Europe » et d'« Arabia »), forgé par l'essayiste britannique d'origine égyptienne Bat Ye'or ? Faut-il le ranger dans la case conspirationniste ? Y a-t-il un plan d'islamisation de notre continent ? Pour permettre à chacun de juger sur pièce, nous avons demandé à l'intéressée, chercheuse reconnue pour ses travaux sur le statut des non-musulmans en terre d'islam (la « dhimmitude ») de répondre à cette question choc : « L'islam peut-il soumettre l'Occident ? ». Elle nous a répondu avec le texte qui suit.**

De prime abord, cette question prête à sourire, tant elle paraît irénique et naïve. Semblable à une légère vapeur, elle flotte au-dessus d'un continent dont la mutation sanglante des assises structurelles les plus profondes nous aveugle ; évidence si irrécusable et probablement irrévocable, que nous préférons nous en détourner et la nier avec superbe.

Certes, les mécanismes politiques, économiques et géopolitiques générés par la mondialisation masquent par leurs imbrications les axes idéologiques fixes inamovibles de cette dynamique. On pourrait s'étonner qu'une transmutation civilisationnelle de l'ampleur d'un continent ait échappé au scrutin des esprits acérés de notre époque. Sans doute parce qu'ils la décrètent inexistante, les maîtres agréés du savoir autorisé attribuent ces hypothèses à des élucubrations complotistes et ostracisent leurs auteurs. Rares sont ceux qui en réchappent l'esprit lucide.

L'étude d'un tel sujet exigerait la formation d'équipes plurilingues de chercheurs spécialisés dans diverses disciplines disposant de facilités universitaires. Mais pour les universités, ce domaine tombe dans le vide. Aussi, à mon humble niveau individuel de tâtonnements, me contenterai-je de signaler ici quelques pistes de réflexion qui expliqueraient le sourire narquois à l'énoncé du titre. Trois axes se dégagent :

## 1/ UNE POLITIQUE CONSENSUELLE DE L'**UNION EUROPÉENNE** (UE)

L'extension des syndromes de décomposition de nos sociétés à l'ensemble de l'UE témoigne d'une politique tenace cohérente et consensuelle émanant du Conseil européen et non de surgissements disparates d'épiphénomènes transitoires et accidentels dispersés sur tout son territoire. Politique implantée par la Commission européenne dans tous les pays selon les capacités de chacun, elle traverse les décennies, constante dans sa direction, implacable dans ses exigences, recourant à des sanctions si cela s'avère nécessaire, comme aujourd'hui Ursula von der Leyen contre la rétive Hongrie, et récemment l'Italie. Les innombrables documents que j'ai consultés confirment l'existence d'un axe consensuel dès les années 1970 englobant tous les partis de la gauche à la droite, dominant tous les niveaux et tous les domaines par d'innombrables réseaux et associations financées par chaque État de l'UE et par la Commission. Cette stratégie se décline par étapes commentées dans la presse européenne et sous les parrainages de la Commission européenne, des ministres des Affaires étrangères des pays de l'UE travaillant collégialement avec leurs homologues arabes sous la présidence de la Ligue arabe créée en 1945 et de l'Organisation de la conférence/coopération islamique (1969). Tout est là, dans les registres parlementaires avec les noms et les dates. Aucun mystère.

## 2/ LA **PALESTINE** : PRIORITÉ STRATÉGIQUE DE L'UE, CRÉATION D'UN ÉTAT ET D'UN PEUPLE INEXISTANT

La vision de cette politique s'exprime d'abord dans le quasi officieux Dialogue euro-arabe créé en 1974 afin de chapeauter les organes chargés de la mise en œuvre d'une politique méditerranéenne euro-musulmane fusionnelle. Celle-ci a deux missions corrélées : créer un État et une ethnie, la Palestine, dans des territoires israéliens, et unir l'Occident et l'islam. Destinée à se développer par une prolifération de réseaux et d'associations, cette stratégie vante dans une profusion de livres et de conférences, l'inestimable valeur de la culture musulmane et en promeut l'immigration en Europe. Les partenaires musulmans de l'UE sont les vingt-deux États de la Ligue arabe et les cinquante-six pays musulmans ou à majorité musulmane de l'Organisation de la coopération islamique (OCI, ex-Organisation de la conférence islamique), regroupant aujourd'hui plus d'un milliard et demi de musulmans peuplant d'immenses territoires répartis sur tous les hémisphères et disposant des plus vastes réserves énergétiques.

**LA GRANDE-BRETAGNE S'ABSTINT D'INTERVENIR EN 1905 LORS DES MASSACRES D'ARMÉNIENS PAR LES TURCS, CRAIGNANT D'IRRITER LES MUSULMANS DE SON EMPIRE DES INDES.**

Ce tableau explique aisément les prévenances des USA et de l'UE envers le monde musulman.

Cette politique visant à « ménager les susceptibilités musulmanes » précéda la Première Guerre mondiale. C'est ainsi que la Grande-Bretagne s'abstint d'intervenir en 1905 lors des massacres d'Arméniens par les Turcs, craignant d'irriter les musulmans de son Empire des Indes ; que les colons français en Algérie partisans d'Édouard Drumont focalisèrent sur les juifs les frustrations et l'humiliation des colonisés musulmans, et que l'Allemagne de Guillaume II développa des relations privilégiées avec la Turquie ottomane, obtenant des avantages économiques et stratégiques dans l'empire et des concessions religieuses en Terre sainte. Alliée de l'Empire ottoman durant la Première Guerre mondiale, elle approuva même le génocide des Arméniens perpétré par son alliée turque.

Dans ce contexte apparaît dans les années 1920 une littérature allemande de glorification de la religion et de la civilisation islamique qui atteignit son apogée avec le nazisme. C'est l'ancêtre du « vivre ensemble bienheureux » et de la dévotion envers « la religion d'amour et de paix ». Ce mouvement se renforce dans les décennies suivantes avec l'adhésion au nazisme et au fascisme du nationalisme arabe regroupant chrétiens et musulmans dont les adhérents les plus intransigeants furent les Arabes de Syrie, d'Irak et surtout de la Palestine sous mandat. Des privilèges spéciaux sont accordés sur tous les territoires européens conquis par le III^e^ Reich aux musulmans accourus du Levant, d'Europe et d'Asie pour s'entraîner et s'enrôler dans les rangs des SS et de la Wehrmacht. C'est l'époque heureuse, fusionnelle, de l'islamo-christianisme uni par le nazisme contre le peuple d'Israël destiné à l'extermination. Cette propagande promeut le génie guerrier et civilisationnel des peuples musulmans et déplore la christianisation enjuivée de l'Europe. Malgré la défaite de Hitler en 1945, elle est perpétuée par des intellectuels comme Walter Hallstein, éminent juriste allemand durant la période nazie, qui sera élu premier président de la Commission européenne (1957-1967) et est appuyée par les élites de la collaboration qui conservent leurs prééminences politiques dans le contexte de la guerre froide. Leurs réseaux survivant à la débâcle de l'Axe maintiendront dans l'antisionisme leur fidélité à l'islamo-nazisme.

**C'EST L'ÉPOQUE HEUREUSE, FUSIONNELLE, DE L'ISLAMO-CHRISTIANISME UNI PAR LE NAZISME CONTRE LE PEUPLE D'ISRAËL DESTINÉ À L'EXTERMINATION. CETTE PROPAGANDE PROMEUT LE GÉNIE GUERRIER ET CIVILISATIONNEL DES PEUPLES MUSULMANS ET DÉPLORE LA CHRISTIANISATION ENJUIVÉE DE L'EUROPE.**

Ce continuum s'exprime dans les politiques européennes radicalement antisionistes et pro-arabes durant les guerres d'invasion arabes en 1947-1948 contre les juifs de Palestine, leurs persécutions dans les pays arabes et les décisions pro-arabes européennes, avec la création en 1949 de l'UNRWA (Office de secours et de travaux des Nations unies pour les réfugiés de Palestine dans le Proche-Orient) et son financement par l'Europe. Mais ce sont les victoires israéliennes de 1967 et 1973 qui, traumatisant ce courant islamophile européen, démasquent sa politique de connivence et d'alliance avec le jihad génocidaire de l'Organisation de libération de la Palestine (OLP), créée en 1964 à l'instigation de Gamal Abdel Nasser[1] désireux d'instituer une nouvelle structure militaire indépendante des États arabes et chargée d'éliminer l'État hébreu. La France lui offre sa première représentation officielle. Dès 1969, la Palestine devient l'emblème, selon Jacques Berque[2], d'une mission rédemptrice universelle. Elle rassemble et cristallise les convoitises et les frustrations d'une Europe post-coloniale antisémite, réduite à déléguer au jihadisme nazi, qu'elle connaît bien pour avoir entraîné et hébergé ses milices musulmanes SS ou affiliées à la Wehrmacht, la mission d'éliminer l'État hébreu et de le chasser de Jérusalem où elle juge que la présence juive est un sacrilège.

La crise du pétrole d'octobre 1973 et la volonté de reprendre les affaires avec les pays arabes accélèrent l'engagement politique. L'antisionisme s'affirme crûment – incontournable – dès 1973, quand les pays arabes pétroliers déclarent moduler leurs relations et leurs livraisons de pétrole avec les pays du globe selon le soutien de chacun à Arafat, récemment promu président de l'OLP[3]. Pétrole oblige, la Commission européenne accepte les conditions de la Ligue arabe en novembre 1973.

## 3/ **PARTENARIAT** ET INTÉGRATION DE L'EUROPE À L'ISLAM

Les commissions de collaborations euro-arabes pullulent à tous les niveaux et affirment un soutien inébranlable à l'OLP. Parrainées par les instances offi-



[1]Gamal Abdel Nasser (1918-1970) : Président égyptien entre 1956 et sa mort, ayant collaboré avec les nazis durant la Seconde Guerre mondiale. À son invitation, de nombreux criminels se réfugièrent en Égypte où ils exercèrent des fonctions importantes, notamment dans la propagande de l'OLP et l'entraînement militaire.

[2]Jacques Berque (1910-1995): Français d'Algérie, islamologue, idéologue de l'OLP.

[3]Sixième sommet des chefs d'États arabes à Alger, novembre 1973, voir Bat Ye'or, *Eurabia : l'axe euro-arabe* (éd. Jean-Cyrille Godefroy, 2006).

cielles européennes au niveau politique, culturel et économique, elles diffusent aux plans national et international l'idéologie et la propagande exaltant la mission palestinienne. L'alliance privilégiée des pays de l'Axe avec les mouvements musulmans des années 1920-1945 contre les juifs, émerge à nouveau contre l'État d'Israël et en devient la boussole jusqu'à aujourd'hui. Dès lors, des équipes euro-arabes élaborent les institutions, l'idéologie, le langage, la culture et la moralité propres à justifier la fusion euro-arabe et l'éradication d'Israël. Ce but dissimulé par le slogan « processus de paix » implique que la construction de la Palestine par l'Europe serait le viatique lui garantissant sa réconciliation avec l'islam. D'où les milliards d'euros investis par l'UE dans la création d'un peuple qui n'exista jamais, son soutien inexorable à ses revendications dans des territoires historiquement juifs et à sa guerre terroriste contre Israël qu'elle dénomme « résistance ». Ici, il est opportun de noter que des études critiques sur le nazisme furent publiées en Europe dans les années 1960, mais ce n'est que récemment que quelques travaux spécialisés sur l'arabo-fascisme, l'islamo-nazisme et leur fusion idéologique et militaire avec leurs matrices européennes purent être publiés comme si ses sujets étaient tabous[4].

Forcément sommaire, ce récapitulatif historique indique la multiplicité et la complexité des domaines historiques, sociaux, géopolitiques et religieux des interactions de l'Occident avec l'islam. Dans le contexte moderne de l'effacement du christianisme par l'islam, je voudrais signaler quelques éléments majeurs et néanmoins indétectés. Dans mon étude sur les processus historiques d'islamisation des pays chrétiens, j'écrivais en 1991 que les conflits fratricides interchrétiens et la corruption de leurs élites avaient largement contribué à l'islamisation de leurs pays[5]. Aujourd'hui, j'ajouterai à ces facteurs la haine du judaïsme, c'est-à-dire de l'origine même du christianisme et la prégnance nazie de l'écrasement de l'Église enjuivée. Elle jeta les fondements de l'alliance nazie euro-islamique et recimenta dans l'après-guerre cette solidarité pour créer un nouvel État *judenfrein* (N.D.L.R. : terme employé par les nazis pour qualifier les zones « nettoyées de ses juifs » par la Solution finale), la Palestine, dans des territoires de Judée et Samarie militairement envahis en 1948 par

l'Égypte, la Syrie et la Jordanie. Cette triple occupation qui dura jusqu'en 1967 remplaça les indigènes juifs expulsés par des colons arabes.

J'ai démontré dans mes livres que les processus d'islamisation de l'Occident avaient été une politique décidée pour des raisons stratégiques et économiques, menée par l'adoption d'un ensemble de mesures contraignantes, dont la dernière en date est la signature du Pacte

[4]Les spécialistes, dont Matthias Küntzel et Jeffrey Herf, ont regretté le silence autour de ce sujet.

[5]Ye'or Bat, *Les Chrétientés d'Orient entre jihad et dhimmitude*, préface de Jacques Ellul, (éd. Jean-Cyrille Godefroy, 1991).

de Marrakech[6] par certains États. Le Conseil européen créa tout l'appareil idéologique, juridique et médiatique avec ses équipes et ses réseaux pour imposer aux peuples *nolens volens* et à leur insu la désagrégation identitaire actuelle et une soumission conforme aux directives de la dhimmitude. Cette situation émerge de l'inversion du réel pour accréditer la vulgate d'un « vivre ensemble paradisiaque avec la religion de paix et d'amour », antérieur à l'État d'Israël, seul obstacle à la parfaite entente islamo-chrétienne.

L'islamisation des divers secteurs sociaux des pays de l'UE s'opère par leur adaptation aux critères islamiques qui deviennent prévalents en fonction des pressions d'une démographie sud-méditerranéenne croissante et toujours plus prégnante, des menaces de représailles brandies par les pays de l'OCI, les émirats pétroliers et les groupes terroristes. L'intelligentsia européenne qui railla et nia la dhimmitude en savoure maintenant l'amer avant-goût. Il est impossible de comprendre la désagrégation systémique actuelle de tout un continent si l'on nie a priori le système théologique et juridique de la dhimmitude imposée par la sharia durant treize siècles sur trois continents avec des variantes circonstancielles. L'UE imposa sa version d'un vivre-ensemble paradisiaque pour construire sa politique méditerranéenne.

**IL EST IMPOSSIBLE DE COMPRENDRE LA DÉSAGRÉGATION SYSTÉMIQUE ACTUELLE DE TOUT UN CONTINENT SI L'ON NIE À PRIORI LE SYSTÈME THÉOLOGIQUE ET JURIDIQUE DE LA DHIMMITUDE IMPOSÉE PAR LA SHARIA DURANT TREIZE SIÈCLES SUR TROIS CONTINENTS AVEC DES VARIANTES CIRCONSTANCIELLES.**

Peut-on espérer aujourd'hui un réveil salutaire des peuples occidentaux ? Durant plus de cinquante ans, ils élurent des leaders qui firent des choix propices à l'islamisation de leur pays. Les lanceurs d'alerte, les réfractaires furent frappés d'anathèmes, d'exécration publique, relégués aux cellules isolantes par les geôliers de la liberté. La peur et la soumission de la dhimmitude se propagèrent librement. Soucieux de ce contexte, dominant la littérature française par son envergure internationale, longtemps adulé par la presse et la bonne société, Michel Houellebecq réputé jadis « nobélisable », produisit un travail littéraire méticuleux. Son œuvre impressionnante décrit le désarroi et le vide spirituel de l'homme européen, vide à la fois cause et effet de la désagrégation de sa société. Observateur sans concessions du délabrement moral et spirituel de ses contemporains, l'écrivain en vint à situer, en janvier 2015, en publiant *Soumission*, ce vide dans un contexte historique et politique précis : la sortie de l'histoire et l'islamisation d'un pays souverain. Avec un courage malheureusement rare, Houellebecq affichait en outre son amitié pour l'État hébreu. Cela lui valut la réprobation immédiate de presque toute la presse française alors même que ses amis de *Charlie Hebdo* étaient assassinés sauvagement, comme dans une prophétie autoréalisatrice terrifiante. L'Europe survivra-t-elle au naufrage décrit par *Soumission* ? Pour cela il faudrait un tsunami politique qui emporterait tous ses mégalomanes fauteurs de guerre qui se prétendent artisans de paix. ◆

[6] Pacte adopté par l'Organisation des nations unies le 19 décembre 2018 et visant à « couvrir toutes les dimensions de la migration internationale ».

DÉVOIEMENT

# LES LUMIÈRES ONT-ELLES LIBÉRÉ L'HOMME ?

# L'HOMME-ENFANT, LA DERNIÈRE UTOPIE POLITIQUE DES GOUVERNANTS

PAR
ROBERT REDEKER

**« Nous refusons l'idéologie libérale parce qu'elle est incapable de fournir un sens, une voie à la réconciliation de l'individu avec son semblable dans une communauté qu'on pourrait qualifier d'humaine », écrit Michel Houellebecq en 1996 dans son poème *Dernier Rempart contre le libéralisme*. Comment une si belle idée, la liberté, a-t-elle fini par se corrompre ? Quel asservissement peut-elle produire si elle est placée en de mauvaises mains ? Le philosophe Robert Redeker (à ne pas confondre avec le personnage Robert Rediger, universitaire qui se convertit à l'islam dans *Soumission*), a son idée.**

L'alliance, à partir du XIX^e^ siècle, des Lumières avec le capitalisme a produit un résultat politico-anthropologique que les premiers forgerons de ce courant intellectuel, dont les deux plus grands, Jean-Jacques Rousseau puis Emmanuel Kant, eussent rejeté avec dégoût s'ils y avaient assisté. De ce contrat diabolique jaillit non la liberté, non l'émancipation, comme promis, mais une forme inédite d'asservissement. Cette fusion a créé un nouveau type d'homme dont la lucidité de Tocqueville sut décrire l'embryon. Écoutons son constat, et sa conclusion : cet homme « tourne sans repos » sur lui-même, « pour se procurer de petits et vulgaires plaisirs »; le pouvoir cherche à le « fixer irrévocablement dans l'enfance »; situation qui rend « moins utile et plus rare l'emploi du libre arbitre ». Non, vous ne rêvez pas : ces expressions n'ont pas été écrites ce matin même pour peindre le pouvoir marconien, entre incitation à porter un col roulé ou une interdiction de boire son café debout dans un bar, accoudé au comptoir, pour cause de guerre sanitaire, elles ont été formulées dans les années 1840 par un penseur visionnaire. Tocqueville discerne au sein de la démocratie, régime qui réalise politiquement les idées des Lumières, un mouvement de rétrécissement de l'homme. Quelque chose lui échappe cependant. Ce ne sont ni la démocratie en soi ni les concepts des Lumières qui produisent ce rétrécissement, mais leur soumission au capitalisme. Ce dernier change tous les hommes en producteurs et consommateurs, limite leur horizon à l'espérance de consommer toujours plus. L'injection du capitalisme dans le sang de la démocratie, c'cst-à-dire les idées des Lumières, nanise les hommes.

La politique n'est plus un spectacle comme l'entendait Guy Debord. Car, de l'autre côté de la scène, il n'y a plus de spectateur. Le spectateur est une espèce à peu près disparue. Autre chose se substitue à lui : le consommateur de divertissement. Les chaînes d'infos en continu, prolongées par les réseaux sociaux, se font les athanors d'une singulière alchimie qui mute toute la réalité, en particulier politique, en un divertissement ininterrompu. Le spectacle est discret – on s'y rend, il interrompt le temps banal – quand le divertissement, à l'inverse, est continu. On va au spectacle, on baigne dans le divertissement. Le surgissement de cette nouvelle race, le consommateur, son hégémonie, a retourné la politique. La politique-spectacle se déployait encore hier matin, la politique-divertissement lui a volé la place ce matin même. Le spectacle est ce que l'on regarde ; le divertissement, ce dans quoi l'on se dissout. Le citoyen et le spectateur ont quitté la scène du monde, cédant la place au consommateur de divertissement.

À cause de cette union avec le capitalisme, la réalisation politique des Lumières, qui s'honora du nom de République, n'a pas résolu le drame pointé par Rousseau : l'abîme séparant les hommes de l'Antiquité, de la Rome républicaine, d'Athènes, de Sparte, des hommes contemporains. Celui qui

n'est ni homme de la nature ni citoyen, « sera un de ces hommes de nos jours; un Français, un Anglais, un bourgeois; ce ne sera rien ». Qui sera la figure centrale de la démocratie moderne? Le bourgeois d'abord, aux temps du suffrage censitaire – Balzac le mettra en scène. Le consommateur ensuite. Le bourgeois, le consommateur – soit, en langue rousseauiste: « le rien ». La démocratie n'a pas ramené le citoyen antique. « Rien »: ce mot manifeste, sous la plume de Rousseau, l'apparition d'un fantôme surgi du futur, notre contemporain, nous-mêmes, que notre célèbre auteur confond avec « un de ces hommes de nos jours ». Incarné en homme, « rien » est l'au-delà du Français, de l'Anglais, du bourgeois, il est l'homme du temps du « parc humain » pensé par Sloterdijk. Celui à qui l'histoire a donné la liberté pour n'en rien faire, car trop exigeante: l'homme des sociétés prospères de notre temps.

## **SORTIE** DE MINORITÉ

Pour comprendre cette trahison des Lumières par la démocratie capitaliste, cet accouchement par l'histoire d'un homme imprévu, indésiré, souvenons-nous du programme des Lumières tel qu'Emmanuel Kant l'énonça. Les Lumières, observe-t-il, « c'est la sortie de l'homme de sa minorité, dont il est lui-même responsable. Minorité, c'est-à-dire incapacité de se servir de son entendement sans la direction d'autrui ». Puis – avec des mots aptes à rappeler la période des confinements motivés par le Covid, du conseil scientifique tenant lieu d'Assemblée nationale, de la suspension des libertés élémentaires – Kant désigne l'émancipation de l'homme de la tutelle dans laquelle il est enfermé depuis des siècles comme le geste par excellence des Lumières : « Les tuteurs qui, très aimablement, ont pris sur eux d'exercer une haute direction sur l'humanité. Après avoir rendu bien sot leur bétail, et avoir soigneusement pris garde que ces paisibles créatures n'aient pas la permission d'oser faire le moindre pas hors de la voiture d'enfant où ils les tiennent enfermés, ils leur montrent le danger qui les menace si elles essaient de s'aventurer seules au-dehors. » Ah, si Olivier Véran et Jean Castex avaient médité ce texte de Kant, ils auraient évité de gouverner les Français comme un troupeau d'enfants, quand faisait rage la crise du Covid ! Ils auraient compris combien était indigne leur façon d'administrer ! Combien elle entrait en contradiction destructrice avec l'idéal des Lumières qui fonde notre République ! Mais non ! Il leur fallut pousser la bassesse d'âme jusqu'à réglementer la posture corporelle pour boire une eau minérale ou manger un sandwich dans le train, ignoble infantilisation d'un peuple dont ils ne sont pourtant que les employés, eux, qui s'imaginent ses tuteurs.

Ainsi définit-on, avec Kant, la minorité : « L'incapacité à se servir de son entendement sans la direction d'autrui. » Lorsque les peuples rechignent devant les réformes voulues par les pouvoirs, ceux-ci, rejoints par les élites journalistiques, en appellent à la pédagogie. Ce qui signifie : à la tutelle. Le mot de pédagogie montre dans quelle piètre estime l'on tient le peuple. Dire qu'il faut faire preuve de pédagogie signifie : il faut soumettre, par ruse, par rhétorique, par sophistique, le peuple, ce gros animal, aux raisonnements de ses tuteurs. Quoi, le peuple serait contre la réforme des retraites ! Quoi, il réclame que ses salaires et pensions soient indexés sur l'inflation ! Mais il s'exprime en canaille – sa vraie nature, son naturel qui revient au galop dès que nous, les sachants, les intelligents, cessons de le ventriloquer. Dès qu'il n'ânonne plus les mots et les arguments que nous avons imprimés dans son esprit afin qu'il les tienne pour siens. Qu'il tienne notre volonté et nos intérêts pour sa volonté et ses intérêts. On ôte alors au peuple la capacité de penser par lui-même, on récuse son droit de choisir, son autonomie et sa souveraineté, on le prive de sa liberté intellectuelle. On le puérilise. On le dégrade. On le décapite. La pédagogie, telle que politiques et journalistes de cour autant que de marchés boursiers l'entendent, est un somnifère. Son ordonnance : l'ensommeillement de l'intelligence populaire. La véritable pédagogie se propose d'éveiller, de former le jugement autonome, quand la pédagogie proclamée par les politiciens et leur traîne de journalistes serviles n'ont de cesse que de parvenir au résultat inverse.

**LA PÉDAGOGIE, TELLE QUE POLITIQUES ET JOURNALISTES DE COUR AUTANT QUE DE MARCHÉS BOURSIERS L'ENTENDENT, EST UN SOMNIFÈRE. SON ORDONNANCE : L'ENSOMMEILLEMENT DE L'INTELLIGENCE POPULAIRE.**

## **VAINS** VENTS

La majorité est l'autre nom de la liberté. « Comme nous avons été enfant avant que d'être homme… », dit Descartes, pour signifier l'émancipation au moyen de la raison, tout en préparant l'idée selon laquelle l'on sort de l'enfance et l'on entre dans l'âge adulte par le doute. Ce doute, que craignent les tuteurs, car il empêche de maintenir le peuple dans l'enfance. La formule canonique de la République, « Liberté, Égalité, Fraternité », ne prend sens qu'à partir du moment où un quatrième concept vient la chapoter, « majorité ». Comment appeler la liberté, l'égalité et la fraternité, sans la majorité, c'est-à-dire sans la virilité ? Ainsi : des fantômes sonores emplis de vain vent. Au jour où la majorité est ramenée à la minorité, où le peuple est infantilisé, où l'on décide de faire de la pédagogie pour brouiller sa lucidité et corrompre son jugement, liberté, égalité et fraternité trépassent.

## « MENU **PEUPLE** »

Sautons un instant dans le sillage du Georges Sorel des *Réflexions sur la violence* : un mythe est un concept mobilisateur qui contient en un seul mot tout un univers politique, collectif, toute une vision de la société, des hommes et de leurs rapports réciproques. Sorel a vu dans la grève générale révolutionnaire un mythe de cette constitution. « Les syndicats révolutionnaires », dit-il admirativement, « enferment tout le socialisme dans la grève générale », et « voient dans chaque grève une imitation réduite, un essai, une préparation du grand bouleversement final ». Pour l'ouvrier, la grève générale est « le mythe dans lequel le socialisme s'enferme tout entier », étant « une organisation d'images capables d'évoquer instinctivement tous les sentiments qui correspondent aux diverses manifestations de la guerre engagée par le socialisme contre le monde moderne ». Idée devenue instinct, un mythe est une intuition. Ce qu'affirme Sorel de la grève générale est transposable aux Lumières, qui sont une intuition, à la semblance de la Grève générale. Il importe de saisir la différence entre ces deux mythes, nonobstant que celui de la grève générale s'est évanoui quand celui des Lumières vivote encore. La grève générale était un mythe populaire se déclinant sur un mode millénariste ; mythe des élites, les Lumières ne contiennent pas un gramme de millénarisme. Elles n'annoncent aucun royaume. Plus justement : les Lumières sont une méthode d'action pour les élites, pour lesquelles la paix perpétuelle et l'État universel sont de simples idéaux régulateurs, quand la grève générale est un millénarisme du peuple. Comprenons : le royaume durable s'incarne ici-bas de façon fugitive le temps de la grève. Qu'est-ce que le populisme ? À la fois le deuil impossible du millénarisme et son substitut.

« Il n'y eut jamais que du menu peuple », rappelle Péguy, parmi ceux qui « furent fidèles quelque temps » à Jeanne d'Arc. Le peuple est la force de résistance au monde voulu par les élites. Puissance d'inertie, il campe du côté du temps, quand les élites naviguent du côté de la vitesse. Il est du côté du temps long de la profondeur, quand les élites, politiques et journalistiques, managériales, tirent leur vaine gloire de camper du côté de l'accélération du temps, du temps arraisonné par les exigences du capitalisme. Gustave Roud, évoquant « le laboureur, si lent et si sûr », l'a compris. Le temps des élites est celui, saccadé, de la syncope, le temps du peuple est celui, placide, de la continuité. Mais le peuple n'impose rien. Il vit son temps au sein du temps que les élites lui imposent, enveloppé par lui. « Menu peuple de soldats, menu peuple d'Église, menu peuple de peuple. Moines, soldats, bourgeois. Ni prélats ni, autant dire, barons. Ni roi. »

Descendons dans la rue. Considérons notre entourage. Faisons retour sur nous-mêmes. Bref, regardons l'homme – comme, d'ailleurs, Houellebecq le pratique de roman en roman. Quand notre plume se fait anthroposcope, nous ne butons plus que contre des ruines. Nous trébuchons contre des ruines. *No future!* Chateaubriand rencontre, découvre, les ruines architecturales de l'Antiquité. Il les juge touchantes et poétiques, charme dont découle cette généralité : « Tous les hommes ont un secret attrait pour les ruines ». Ou, avant Chateaubriand, « le Grand siècle français » rêve, nous dit Onfray, de Rome et de ses ruines sublimes, de Rome où « chaque endroit est un cimetière ». Ruines de pierre où rôde le spectre vivifiant d'une civilisation déchue. Ruines fouet et aiguillon de la vitalité ! Ruines de chez les classiques qui éveillent, qui incitent à l'action, et non, comme celles de chez les romantiques, qui enveloppent l'âme dans la nostalgie, dans une brume favorisant la contemplation désabusée. Nous autres, dans la nuit anthropologique de l'interminable modernité tardive, nous rencontrons l'humain comme ruine – et cette nouveauté n'invite ni à la rêverie, ni au romantisme. Ainsi, des ruines anthropologiques viennent-elles s'entasser par-dessus les ruines architecturales, auxquelles notre regard s'était accoutumé.

## L'EMPÊCHEMENT D'ÊTRE : **NÉGHUMANITÉ**

À quoi servent les livres antérieurs à notre époque ? Baudoin de Bodinat, âme amère errant parmi les ruines humaines, propose dans *La Vie sur terre*, cet ouvrage taillé dans du noir diamant, une réponse : ils nous font « souvenir de tout ce qui nous est refusé d'être ». La charnière entre le XXe et le XXIe siècle aura inventé l'humain comme ruine, elle restera dans l'histoire comme productrice de ruines anthropologiques. Loin d'être le résidu de la civilisation après son effondrement, dont Paul Valéry exprima la possibilité, ces ruines sont ce qui reste de l'homme dans sa maladie à la mort, dans son interminable mourir. Car nous donnons tort à moitié à Foucault, qui, dans *Les Mots et Les Choses*, n'aperçut qu'une face de la réalité anthropologique contemporaine, pour s'en réjouir : ce n'est pas la mort de l'homme qui est survenue après-guerre. C'est un autre événement : son mourir qui n'en finit pas. La vérité de notre temps se dévoile en paradoxe : l'homme, l'entité que la civilisation occidentale a longtemps appelé « homme », est mort, et en même temps, il continue de mourir, le cadavre agonise encore. L'instant de la mort s'éternise : elle n'est plus un basculement, mais un mode d'être. Le cinéma, la littérature, les séries visitent ce malade. Ils exhibent ce qui reste de l'homme, en chacun d'entre nous, quand, au nom de l'idéologie qu'il sécrète, le système économico-médiatique planétaire a déstructuré l'armature psychologique et spirituelle de l'existence humaine. Quand il l'a vidangé de toute intériorité. Quand son intériorité a glissé vers sa carte bancaire, son « âme morte », comme dit encore Baudoin de Bodinat, « cette subjectivité, ce fétiche » , ou vers son smartphone. Le désarroi qui nous torture quand nous perdons cet appareil l'indique : comme la carte bancaire aux yeux de Bodinat, le smartphone est un instrument d'externalisation - de notre identité, de notre conscience, de notre âme. Fin de l'intériorité : notre smartphone est notre âme-machine extérieure.

Crime contre le bon sens il y a eu. Le bon sens auquel dans le dernier siècle tout ce qui se voulait intelligent et cultivé vouait un hautain mépris. Le bon sens qui a été laminé, aussi bien par le capitalisme prenant sa tournure consumériste, par l'unidimensionalisation du langage, par le langage devenu clos, par l'univers de la culture qui n'avait de cesse de le calomnier, de le rendre honteux, sous prétexte que lui manquerait l'originalité. Qu'il ne serait l'apanage que du commun. De la population rance ! Du menu peuple, des gens de peu ! Tout ce qui accaparait la parole, de l'artiste au professeur, du folliculaire au saltimbanque, s'appliqua méthodiquement, sans relâche, à marquer le bon sens du sceau de la médiocrité des gens ordinaires, à voir en lui la signature de leur inintelligence. Le conformisme réunissant, selon eux, en un seul sac, bourgeois, petits-bourgeois, ouvriers, paysans, et petites gens. Le bon sens était trop commun, trop ancré dans les traditions, pour être respecté. Il fallait l'outrer pour parader comme respectable. Pour attirer la lumière. Les plus imbéciles de ces bavards le réputaient même pétainiste. Oui, oui… : le bon sens populaire, surtout s'il était paysan, restait indécrottablement pétainiste. Si l'on se fiait à son bon sens, c'est qu'on était à la fois inculte et inintelligent ! Et réactionnaire. Que l'on n'était point commensal de la caste des gens d'esprit !

**CETTE GUERRE LIVRÉE AU BON SENS, QUI OFFRE AU PREMIER VANITEUX VENU LE LUXE EN TOC DE JUGER LE MONDE EN GRAND SEIGNEUR, DÉRIVE DE LA VALORISATION DE LA NOUVEAUTÉ ET DE L'ORIGINALITÉ.**

## **CIVILISER** LA RAISON

Cette guerre livrée au bon sens, qui offre au premier vaniteux venu le luxe en toc de juger le monde en grand seigneur, dérive de la valorisation de la nouveauté et de l'originalité. Elle accompagne la néophilie et la néomanie, pathologies dont la pandémie s'amorça dans le monde occidental dès les années 60 du siècle passé. Chez Deleuze, le lecteur, un peu surpris par cette trahison de la philosophie, rencontre le déclassement de la vérité au profit de l'intéressant. Cet impératif ne cesse de se renforcer : il faut être original, absolument, hors du commun, faute de quoi l'on stagne dans la pénombre des inintéressants, dans le gris anonymat de « ceux qui ne sont rien ». Les écartés du marché et les écartés de l'intelligence sont, aux yeux du pouvoir managérial, les mêmes.

Rien de plus célèbre que l'ouverture du *Discours de la méthode*, datant de 1637 : « Le bon sens est la chose du monde la mieux partagée. » Votre professeur de philosophie vous transmettra le message de Descartes : le bon sens est l'un des noms de la raison. En serrant la focale, il renchérira : ce bon sens n'est rien d'autre que la raison bien appliquée. Trop connu, ce propos cartésien, il n'est plus du tout compris. En le pressant comme un citron dont on voudrait extraire le jus, son sens se donne à voir : le bon sens, ce fameux bon sens que nos contemporains renvoient à la fadeur et à l'ennui, au conformisme de l'éternel hier, au ranci réactionnaire de « ceux qui ne sont rien », est l'ancrage de l'existence dans la raison. Cette définition appelle ce corollaire : le bon sens est la domestication, ou la civilisation, de la raison. Il civilise la raison. Il la rend docile, l'éduque. Humaine. Quand cette éducation manque, quand le bon sens ne la bride pas tel un surmoi, la raison vire totalitaire. Tous les pièges dans lesquelles tombèrent – à la différence des gens moins cultivés – naïvement nombre d'intellectuels (stalinisme, maoïsme, fascisme, nazisme, khmerougisme, etc., en attendant les suivants) s'expliquent par cette inéducation de la raison. Le décrochage du bon sens par rapport à la raison en rend compte. Arrivent alors camps et goulags. Ou infantilisation – ce renoncement aux camps de rééducation.

Cartésien de l'ordre de l'Oratoire, Malebranche signale le risque de la raison débridée : « Plus on raisonne juste, plus on s'égare, lorsqu'on suit un faux principe. Un homme qui raisonne mal peut se redresser et reprendre par hasard, et par préjugé, les routes communes. Mais un homme exact et téméraire suit constamment l'erreur, et se perd sans ressource ; jamais l'erreur ne conduisant par elle-même à la vérité. » Le bon sens habite alors celui qui raisonne mal – axiome paradoxal, que Descartes eût repoussé, mais dont l'expérience de chaque jour montre la vérité. L'inertie des petites gens, qui n'ont pas été élevés dans les traités de logique, dont le raisonnement claudique, face aux logomachies totalitaires, est l'actualisation de ce bon sens. Retournons au propos de Malebranche. Qu'est-ce qui indiquera que le raisonnement s'appuie sur de faux principes ? Réponse : l'absurdité des terminaisons auxquelles ce raisonnement conduit. Et comment cette absurdité se découvre-t-elle ? Réponse : par le bon sens.

AU COMBLE DE L'USURPATION SÉMANTIQUE, LE CONFORMISME PRODUIT PAR L'UNIVERS DIGITAL APPELLE TOLÉRANCE, L'INTERDICTION DE PENSER.

## PANTOMIMÉTIQUE : LE **CONFORMISME** CONTRE LA NORME

Le conformisme a remplacé la norme. Ne se déploie pas néanmoins sous nos yeux un conformisme d'ancien style, dont la norme figurait encore la source, tel le défunt conformisme bourgeois, mais un conformisme dont la matrice se rencontre dans l'univers numérique, Internet, les réseaux sociaux, les industries planétaires du divertissement. Il contamine par les voies d'une mimétique psychique. Le psychisme est la matière plastique vivante qui se déforme et se reforme au gré des modèles que ces industries présentent. L'on croise chez La Mettrie le concept de Pantomime. Cet étonnant philosophe écrit : « On prend encore de tous ceux avec qui l'on voit, leurs gestes, leurs accents, etc. (...) par la même raison que le corps du Spectateur imite machinalement, et malgré lui, tous les mouvements d'un bon Pantomime. » La pantomimétique mise au jour en matérialiste absolu par ce grand auteur des Lumières radicales, désigne la contagion du mouvement des corps à partir d'un modèle se donnant en spectacle (institution dont La Mettrie a perçu intuitivement le caractère originaire dans l'activité des corps). Les technologies numériques contemporaines induisent une autre pantomimétique, à partir du spectacle également, celle du psychisme. La pantomimétique ne produit pas de la norme, elle produit du conformisme.

Le conformisme est incapable de penser. Le conformisme est incapable de tolérer. Penser et tolérer sont deux verbes du temps des Lumières. Au contraire, au comble de l'usurpation sémantique, le conformisme produit par l'univers digital appelle tolérance, l'interdiction de penser. La tolérance des Lumières multipliait les points de vue, les opinions, les systèmes de pensée, parfois violemment opposés entre eux, tandis que la nôtre, celle que prônent les GAFAM et les médias *mainstream*, sous prétexte de respect de la diversité, au nom de la tolérance, ramène toutes les opinions à une seule dont elle impose la domination implacable. Dewey et Tufts avaient relevé cette loi générale : « Dès qu'un ennemi de l'enquête et de la discussion dépose les armes, d'autres ennemis se lèvent, armés de nouvelles raisons plausibles d'exercer une censure et de rendre impossible l'activité de la pensée. » Les ennemis actuels de la pensée agissent en brandissant la tolérance. La tolérance des Lumières a brisé l'unité dogmatique et a ouvert le champ de la pensée, elle a détruit la censure ; notre tolérance affirmée haut et fort dans les médias et sur les réseaux sociaux referme le champ de la pensée, réinstaure la censure, la chasse aux sorcières, pour laquelle même l'auteur d'Harry Potter sert de gibier, la police des mœurs et opinions. Cette nouvelle tolérance est mortifère, elle signe le triomphe de Thanatos sur Logos, quand celle des Lumières était vivifiante, fille des noces de Logos et d'Eros.

En absence de toute ancre jetée sur une terre qui le dépasse (que ce soit une transcendance, une histoire collective, ou plus simplement la raison et le bon sens, qui ont été détruits, ou bien encore d'autres réalités que l'individu), le conformiste d'aujourd'hui, de Netflix en Tinder, est un déglingué. La libération des rets de la norme, dont le mouvement débuta avec les Lumières, qui n'espéraient que la seule libération de la prison des normes arbitraires imposées par le despotisme, et militaient pour la soumission aux normes issues de la raison, s'est pervertie en un fanatisme de la libération pour la libération, en une libération tournant à vide, mère de l'actuel discrédit généralisé des normes. C'est de cet emballement de la liberté, cavalant comme un cheval fou, qu'est née cette servitude inédite : la substitution du conformisme à la norme. Quand le conformisme bourgeois – celui qu'attaque Flaubert, celui dont souffre Mauriac – s'adossait à la norme, dont il était le piteux prolongement, le conformisme numérique se meut dans l'univers de la destruction de la norme, celui de l'anormalité. Ainsi naît, germe et croît, le *wokisme*.

## LA **PUÉROFACTURE** POLITIQUE

Le temps des parcs d'attractions, de la dictature du divertissement, de l'empêchement d'être, du conformisme en lieu de la norme, des tuteurs, de la vie quotidienne administrée, de l'homme en ruines, du dernier homme nietzschéen, est celui de l'humanité redevenue mineure. Dans le sillage de Jean Baudrillard, plusieurs penseurs ont signé l'acte notarial de la dissolution du réel. Quel égarement ! Non, mânes et épigones de Baudrillard, le réel n'a pas disparu, ce sont les voies conduisant à lui qui, sciemment, ont été coupées. L'enfant est l'être qui ignore le réel. Raison pour laquelle il ne peut se gouverner lui-même. Il est l'être non libre, celui que gouvernent ses désirs et tous les adultes qui croisent son chemin. Les adultes qui gouvernent les désirs qui gouvernent l'enfant, manipulent son illusion de liberté.

Que furent les confinements et la crise du Covid ? Ceci : une puérofacture politique, conduite à l'échelle des nations. Les pouvoirs transformèrent les structures sociales en une gigantesque machine de recyclage du citoyen libre et de l'adulte en un enfant soumis. Nous vîmes alors la simulation de l'utopie politique de l'homme-enfant. Clair en était l'enjeu : remplacer ce qui reste de démocratie par le jardin d'enfants. « Le secret, écrit Pierre Boutang, fait qu'il y a une vie privée, une forme sociale de l'intériorité et une tension qui se rapporte à cette intériorité. ». L'enfant est l'être dont on peut tout savoir, dont on peut percer tous les secrets. L'on poussa la transparence jusqu'à réglementer la vie de chacun à son domicile en maintenant la population en garde à vue chez elle. Le but ultime de la politique sanitaire, qui absorba toute la politique, s'énonce ainsi : mettre au monde, sur les ruines de l'homme, l'animal impolitique, l'homme interdit de secret. Comprenons : un faux-enfant, un enfant monstrueux, car sans l'avenir de l'âge adulte devant soi. ◆

POSITIVISME

# COMTE
# MAURRAS
# HOUELLEBECQ

# TROIS AGNOSTIQUES CATHOLIQUES

PAR
STÉPHANE BLANCHONNET

**Ce n'est un mystère pour personne, Michel Houellebecq est un admirateur d'Auguste Comte, qu'il convoque sans surprise dans son entretien avec Michel Onfray. Mais récemment, c'est à Charles Maurras, disciple du fondateur du positivisme qu'il s'est intéressé, en allant à la rencontre des royalistes de l'Action française, le 1er juillet dernier à Paris. Comte, Maurras, Houellebecq : y a-t-il une filiation possible ? Nous avons demandé à un spécialiste de la pensée de Charles Maurras, Stéphane Blanchonnet, agrégé de lettres modernes et auteur en 2017 du *Petit Dictionnaire maurrassien* (éd. Nouvelle Marge), de se pencher sur cette question.**

Un récent ouvrage de critique littéraire, d'ailleurs assez intéressant, *Le Style réactionnaire* de Vincent Berthelier (éd. Amsterdam, 2022), a pour sous-titre « De Maurras à Houellebecq ». Cette réunion des noms de Maurras et de Houellebecq peut surprendre et d'ailleurs, elle n'est pas très logique dans ce livre. En effet, l'auteur, qui veut parler spécifiquement du style des écrivains réactionnaires, finit pourtant par classer Houellebecq dans cette catégorie en raison… de ses opinions et des thèmes qu'il aborde ! Sur le plan du style, il est en effet assez difficile de rapprocher le poète néoclassique, que Berthelier qualifie un peu hâtivement de « puriste », et le romancier de la post-modernité, encore que ce soit sans doute possible, mais ce serait la matière d'un tout autre article ! Il y a en revanche un rapprochement net et évident à faire entre Maurras et Houellebecq : leur qualité de disciples d'Auguste Comte, notamment en ce qui concerne le rapport au catholicisme. C'est ce rapprochement que nous nous proposons d'aborder ici, et nous l'élargirons à une comparaison entre les trois écrivains, les deux disciples et leur maître, Auguste Comte.

Comte, Maurras et Houellebecq ont d'abord en commun de voir le jour à des époques de grande césure dans l'histoire de France. On n'exagère pas en disant que chacun d'eux naît presque providentiellement au moment où le pays est plongé dans l'une des trois étapes fondamentales de son déclin, qu'ils se donneront justement pour mission de décrire et, dans des mesures assez différentes, de critiquer, dans leurs œuvres.

## 1868, UNE FRANCE DÉJÀ **AFFAIBLIE**

Comte naît en 1798, au moment où la France est au sommet de la puissance et du prestige qu'elle a acquis depuis Richelieu, puis Louis XIV, à tous les niveaux : démographique, politique, militaire, linguistique, littéraire, artistique, scientifique. Littéralement, elle règne sur le monde, pour paraphraser Joachim du Bellay, par sa langue, ses arts, ses armes et ses lois. La Révolution et l'Empire vont consommer en un ultime déchaînement d'énergie et de gloire tout ce capital accumulé depuis des siècles par la royauté capétienne, l'Église et le génie du peuple français – le premier peuple moderne à avoir eu la claire conscience, sans doute depuis la fin du Moyen Âge, de former une nation.

Maurras, lui, naît en 1868, deux ans avant la guerre franco-prussienne de 1870, qui verra une France, déjà considérablement affaiblie depuis 1815, se faire battre par une Allemagne qui lui ravira sa suprématie continentale, comme l'Angleterre lui avait déjà ravi la maîtrise des mers. Elle sera en outre amputée de ses provinces de l'Est, que l'Ancien Régime avait si durement arrachées au monde germanique. Enfin, elle connaîtra la guerre civile avec l'épisode de la

Commune et un début de crise démographique qui conduira à une première forme de recours à l'immigration.

## 1956, L'ANNÉE DU **DÉSENCHANTEMENT**

Michel Houellebecq, enfin, naît en 1956, en pleine décolonisation, processus entraînant la disparition de ce motif de fierté que pouvaient représenter, à tort ou à raison, pour les Français ces immenses taches roses sur les atlas géographiques figurant leur immense empire ultramarin (même s'il était composé en grande partie des sables du Sahara, à la différence du très rentable Empire britannique), mais aussi aux prémices des quatre phénomènes qui allaient entraîner la rupture peut-être la plus profonde dans l'être français puisqu'il ne s'agissait plus seulement de déclin de sa puissance, mais de transformation de sa substance elle-même : la fin des terroirs (et donc de l'enracinement régional), la disparition presque totale de la pratique religieuse catholique (encore majoritaire au début du XXe siècle et qui donnait au pays son armature morale), l'américanisation (ou la mondialisation désormais) des mœurs, de la culture et de l'imaginaire, l'immigration de masse, enfin, et le morcellement qui en résulte – la culture française devenant elle-même un « îlot » parmi d'autres, et de moins en moins majoritaire, dans « l'archipel » hexagonal. C'est dans cette France amenuisée, désenchantée et dévitalisée qu'évoluent les personnages de Houellebecq.

Autre point commun important chez nos auteurs : tous ont perdu la foi chrétienne mais sont restés attachés à certains aspects du catholicisme. Comte affirme dans son testament : « Je me suis toujours félicité d'être né dans le catholicisme, hors duquel ma mission aurait difficilement surgi [...] Mais, depuis l'âge de 13 ans, je suis spontanément dégagé de toutes les croyances surnaturelles, sans excepter les plus fondamentales et les plus universelles, d'où les Occidentaux tirèrent tous les dogmes catholiques[1]. » C'est presque au même âge (à 14 ans) que Maurras, en révolte contre la surdité qui vient de le frapper, mais aussi contre la lecture de Pascal, perd lui aussi la foi. Il est intéressant de noter ce qu'il en dit, bien des décennies plus tard, dans une lettre : « J'étais infirme, soit ! Mais cette vie, je l'aimais, j'aimais la santé et la force. Surdité à part, ma résistance physique, sous des aspects assez modestes et même médiocres, est au-dessus de la moyenne, qu'il s'agisse de marcher, de nager, de veiller dans mon bon temps. [...] Pascal est le spectre de la maladie. Cette incompatibilité personnelle ne prouve certes rien contre son magnifique génie. Cela peut expliquer qu'il ne m'ait pas été bienfaisant, quelque admiration que m'ait toujours inspirée sa langue, sa poésie, et, de-ci de-là, sa logique[2]. » On le comprend, Maurras butte contre le dolorisme chrétien qui enseigne d'accepter les « croix », les épreuves, qui jalonnent nos existences pour mieux s'unir aux souffrances du Rédempteur sur sa propre Croix, dolorisme qui lui paraît en contradiction avec le catholicisme traditionnel, communautaire, joyeux, solaire (d'aucuns diraient « païen ») de son enfance provençale. Houellebecq enfin, dans un livre d'entretien avec Bernard-Henri Lévy, confie avoir fréquenté l'Église dans ses années de lycéen et d'étudiant, au point d'avoir suivi, avant de l'abandonner, une préparation au baptême pour adulte. Il en

**POINT COMMUN IMPORTANT CHEZ NOS AUTEURS : TOUS ONT PERDU LA FOI CHRÉTIENNE MAIS SONT RESTÉS ATTACHÉS À CERTAINS ASPECTS DU CATHOLICISME.**

[1] *Testament d'Auguste Comte*, 1884, p. 9, disponible sur le site Gallica de la BNF.

[2] Lettre de Maurras à Leon S. Roudiez, citée par Stéphane Giocanti dans *Maurras, le chaos et l'ordre*, éd. Flammarion, 2006.

tire cette conclusion : « Un monde sans Dieu, sans spiritualité, sans rien, a de quoi faire terriblement flipper. Parce que croire en Dieu, tout bonnement, comme le faisaient nos ancêtres, rentrer dans le sein de la religion maternelle présente des avantages, et ne présente même que des avantages. [...] Seulement voilà, le problème c'est que Dieu, je n'y crois toujours pas[3]. »

## DES BASES **PROFANES**

Dernier point commun : pour des raisons différentes, nos trois auteurs vont sentir la nécessité de retisser un lien avec la religion catholique, mais sur des bases profanes. Pour Comte, il s'agit du cœur de sa philosophie. Il constate que l'âge métaphysique (la modernité) a mis fin à un âge théologique, qui reposait certes sur des croyances à ses yeux irrationnelles, mais qui possédait une cohérence, une dimension organique, hiérarchique, propre à animer (au sens étymologique de « donner une âme »), à faire vivre, une civilisation. La modernité – la Révolution française en particulier – lui apparaît donc comme un moment exclusivement critique, négatif, dissolvant, dont il se donnera pour mission d'arrêter le cours anarchique pour bâtir un nouvel âge organique permettant de concilier Ordre et Progrès : l'âge positif. Et Comte s'inspirera très explicitement du catholicisme pour créer sa nouvelle religion positive, destinée au salut, par la science, de l'humanité tout entière.

Maurras, qui n'a cessé de se proclamer le disciple de Comte, propose sa propre synthèse, apparemment plus modeste. Il ne s'agit plus de sauver l'humanité entière, mais la France (et à travers elle, la civilisation gréco-latine) en s'appuyant sur le catholicisme comme « Temple des définitions du devoir » et comme tradition vivante. À ses yeux d'agnostique, comme à ceux de son maître Auguste Comte, la vérité du dogme chrétien n'est plus intelligible, mais il considère que par sa force, encore immense dans la France de la Belle Époque – la France à laquelle il s'adresse– l'Église doit être défendue comme un élément incontournable de l'identité nationale et le canal à travers lequel nous accédons à la culture antique. Dans un texte fondamental qu'il a consacré à Comte, Maurras tient d'ailleurs à préciser que sa réduction du « Grand-Être » (l'humanité) à la civilisation gréco-latine (qui est, à ses yeux, LA civilisation), n'est pas hérétique d'un point de vue positiviste : « Comme le fait très justement remarquer l'un des meilleurs disciples de Comte, M. Antoine Baumann, humanité ne veut aucunement dire ici l'ensemble des hommes répandus de notre vivant sur cette planète, ni le simple total des vivants et des morts. C'est seulement l'ensemble des hommes qui ont coopéré au grand ouvrage humain, ceux qui se prolongent en nous, que nous continuons, ceux dont nous sommes les débiteurs véritables[4]. »

**IL NE S'AGIT PLUS DE SAUVER L'HUMANITÉ ENTIÈRE, MAIS LA FRANCE (ET À TRAVERS ELLE, LA CIVILISATION GRÉCO-LATINE) EN S'APPUYANT SUR LE CATHOLICISME COMME « TEMPLE DES DÉFINITIONS DU DEVOIR » ET COMME TRADITION VIVANTE.**

Michel Houellebecq, lui aussi disciple revendiqué de Comte, parle, nous l'avons vu plus haut, de la foi de « nos ancêtres » avec une évidente nostalgie. Toutefois, contrairement à Maurras, qui



[3] Houellebecq Michel & Lévy Bernard-Henri, *Ennemis publics*, coéd. Flammarion-Grasset, 2008.

[4] Maurras Charles, *Auguste Comte*, 1903, disponible sur www.maurras.net.

s'adressait aux Français de 1900, il fait le constat que cette nostalgie n'est plus partagée un siècle plus tard que par une petite minorité, même s'il a exprimé sa sympathie pour cette minorité en affirmant avoir été impressionné par l'engagement de la jeunesse catholique lors des manifestations contre la loi Taubira en 2013[5]. L'une des expressions les plus belles et les plus caractéristiques du regard porté par le romancier sur l'ancienne France se trouve dans ce passage d'*Extension du domaine de la lutte* consacré à la Vendée : « À l'extrémité de la plage des Sables-d'Olonne, dans le prolongement de la jetée qui ferme le port, il y a quelques vieilles

maisons et une église romane. Rien de bien spectaculaire : ce sont des constructions en pierres robustes, grossières, faites pour résister aux tempêtes, et qui résistent aux tempêtes, depuis des centaines d'années. On imagine très bien l'ancienne vie des pêcheurs sablais, avec les messes du dimanche dans la petite église, la communion des fidèles, quand le vent souffle au-dehors et que l'océan s'écrase contre les rochers de la côte. C'était une vie sans distractions et sans histoires, dominée par un labeur difficile et dangereux. Une vie simple et rustique, avec beaucoup de noblesse. Une vie assez stupide, également. Je me suis ensuite dirigé vers une résidence plus récente et plus luxueuse, située cette fois tout près de la mer, vraiment à quelques mètres. [...] Un sentiment déplaisant a cette fois commencé de m'envahir. Imaginer une famille de vacanciers rentrant dans leur Résidence des Boucaniers avant d'aller bouffer leur escalope sauce pirate et que leur plus jeune fille aille se faire sauter dans une boîte du style "Au vieux cap-hornier", ça devenait un peu agaçant ; mais je n'y pouvais rien[6]. » Là où Comte prétendait réorganiser une religion pour l'humanité sur le modèle catholique, mais dont les dogmes seraient désormais scientifiques, là où Maurras voulait s'appuyer sur un catholicisme encore vigoureux, en tant que force sociale, pour enrayer le déclin de la civilisation, Houellebecq ne peut que constater le caractère inéluctable de ce déclin et le regretter, tout en marquant par l'adjectif « stupide », aux connotations péjoratives évidentes, mais qui signifie étymologiquement « immobile », ce qui le sépare de cette époque pour lui définitivement révolue.

Pour conclure cette rapide comparaison de nos trois auteurs, nous pouvons essayer de nous résumer en les associant par paires. Incontestablement, Maurras et Houellebecq se ressemblent et se distinguent de Comte en tant qu'ils sont les disciples et lui le maître, l'inspirateur. Mais Comte et Houellebecq se ressemblent et se distinguent de Maurras, par un intérêt plus marqué pour la science – le thème du clonage et du transhumain hante le disciple d'Aldous Huxley qu'est aussi Houellebecq. Enfin, Comte et Maurras se ressemblent et se distinguent de Houellebecq par un plus grand optimisme : ils prétendent relever le défi de la modernité et instaurer (pour Comte) ou restaurer (pour Maurras) un ordre viable là où Houellebecq paraît plutôt faire le constat froid et clinique d'un nihilisme triomphant et hélas inéluctable – « mais je n'y pouvais rien ». ◆

[5]Entretien avec Marin de Viry et Valérie Toronian, repris dans *Interventions*, éd. Flammarion, 2020.

[6]Houellebecq Michel, *Extension du domaine de la lutte*, éd. Maurice Nadeau, 1994.

PANTHÉON

# LE GRAND ÉCRIVAIN VU DE DOS, VU DE FACE

PAR
SÉBASTIEN LAPAQUE

**Michel Houellebecq est-il un grand écrivain ? Nous avons posé cette question à Sébastien Lapaque, auteur multiprimé (son dernier roman, *Ce monde est tellement beau*, paru l'an dernier chez Actes Sud, a reçu prix Jean-Freustié), fin connaisseur de Georges Bernanos, Roger Nimier et Frédéric H. Fajardie.**

Les lecteurs de *L'Homme sans qualités* de Robert Musil se souviennent de Paul Arnheim, ce riche industriel versé dans les secrets du fonctionnement du monde des affaires, devenu un auteur à succès, triomphant dans toutes les rubriques des grands journaux, hantant la chronique économique, les pages politiques et l'actualité culturelle.

Arnheim, un vainqueur auquel même Balzac n'aurait pas songé donner vie, est un demi-dieu exilé dans un monde inaccessible aux petits princes de l'esprit. « Auréolé du halo magique de sa richesse et du bruit de son importance, il devait constamment fréquenter des gens qui, dans leur domaine propre, lui étaient supérieurs ; il leur plaisait pourtant, parce qu'il avait une connaissance étonnante de leur spécialité pour un non-spécialiste, et il les intimidait dans la mesure même où sa personne représentait une relation entre leur monde et d'autres mondes dont ils n'avaient pas la moindre **idée**[1]. »

Robert Musil songeait-il à Thomas Mann, à Franz Werfel ou à Stefan Zweig lorsqu'il a imaginé le personnage de Paul Arnheim ? Il lui a trouvé un nom destiné à rester dans l'histoire de la littérature : *Der Großschriftsteller*. Dans sa merveilleuse traduction de *L'Homme sans qualités*, Philippe Jaccottet a pris soin de le transcrire avec un tiret, « le Grand-écrivain », pour ne pas lui faire perdre sa connotation germanique. Les lecteurs français auraient cependant tort de considérer qu'au pays de François Villon, de Colette et de Patrick Modiano, le Grand-écrivain, ce polygraphe capable de remplir jour après jour « les caisses d'épargne de la prospérité intellectuelle de la nation[2] » est une créature trop énorme, trop allemande. Car Goethe n'était pas encore né lorsque Voltaire a écrit *Zadig*. Dans *Le Sacre de l'écrivain* (1750-1830), Paul Bénichou scrute justement du côté de la France l'avènement d'un pouvoir spirituel laïque dans l'Europe moderne.

« Aussi loin qu'on aille dans l'histoire des civilisations, on voit la littérature enseigner les hommes, s'offrir à eux comme interprète de leur condition, comme guide de leurs jugements et de leurs choix. Mais à l'origine de la tradition culturelle dont nous sommes issus, cette mission de la littérature apparaît selon deux modèles différents : le modèle grec, où la littérature agit avec une relative indépendance, sur un mode profane, face à une religion spirituellement peu contraignante ; le modèle juif, où l'écrit ne se conçoit guère qu'en accord étroit avec une action régnante du divin. Le crédit et les prétentions de la littérature tiennent, dans le premier cas, à ce qu'elle se voit seule à répondre aux questions majeures ; dans le second cas, à la référence surnaturelle impliquée dans ses **créatures**[3]... » Dans sa forme contemporaine, qui a lentement émergé des orages et des nuées de la Renaissance, le Grand-écrivain peut être prophète, mais pas prêtre.

## LE **SACRE** DU GRAND-ÉCRIVAIN

Il est laïque comme la République devrait être indivisible, démocratique et sociale. Exit, donc, Blaise Pascal, François-René de Chateaubriand, Søren Kierkegaard, Fiodor Dostoïevski, Léon Bloy, Gilbert Keith Chesterton et Georges Bernanos, même quand, chacun dans son genre, ils ont été capables d'exprimer une part du génie singulier de leur nation. Exit même les grands hérésiarques, comme Friedrich

[1] Musil Robert, *L'Homme sans qualités*, traduction de Philippe Jaccottet, éd. du Seuil, 1982.

[2] Bénichou Paul, *Le Sacre de l'écrivain, 1750-1830*, essai sur l'avènement d'un pouvoir spirituel laïque dans la France moderne, éd. Gallimard, 1996, p. 11.

[3] *L'Homme sans qualités*, *op. cit.*, p. 575.

Hölderlin, Léon Tolstoï ou Pier Paolo Pasolini, trop souvent placés sous une influence divine qui ne convient pas à ce que Giambattista Vico a nommé « l'âge de l'homme ». Grand-écrivain couronné par le prix Nobel de littérature en 1913, le poète, romancier et brahmane indien Rabindranath Tagore appartient à une autre tradition, dont il ne peut pas être question ici. En Occident, l'âge des dieux et celui des héros n'ont pas toujours disparu des songes du Grand-écrivain tel qu'il est apparu en France et en Allemagne aux XVIIIe et XIXe siècles – il faudrait également évoquer ici l'Italien Alessandro Manzoni ou le Russe Ivan Bounine, prix Nobel de littérature en 1933 – mais leur souvenir provoque en eux une étrange peine, cette douleur de l'impossibilité du retour qu'on nomme la nostalgie.

## LE **TEMPS** DU GRAND-ÉCRIVAIN

**À L'ÉPOQUE DE RONSARD, LA POÉSIE ÉTAIT UN SACERDOCE ; À L'ÂGE DES LUMIÈRES, ELLE EST DEVENUE UN MÉTIER.**

Le Grand-écrivain, explique encore Paul Bénichou, est un mage profane qui s'est montré capable de ressusciter le caractère du poète possédé par les Muses à l'âge de la machine à vapeur sans renier les commandements de l'utilitarisme. À l'époque de Ronsard, la poésie était un sacerdoce ; à l'âge des Lumières, elle est devenue un métier. Le sacre du Grand-écrivain est en effet intimement lié au triomphe de l'économie politique et à la mise en place d'un marché de biens et de services obéissant aux règles contraignantes de l'offre et la demande. Robert Musil le regarde justement comme une « figure sur l'échiquier social, soumise à la règle du jeu et aux obligations que l'époque a créées ».

Les poètes maudits et les « suicidés de la **société**[4] » ne font pas les Grands-écrivains. Et les artistes protégés par les Médicis ou les hommes de lettres pensionnés par les rois de France n'avaient pas ces soucis. Rabelais, Molière et Racine continuent pour la suite des siècles d'appartenir à un autre temps, qui n'est pas celui du Grand-écrivain.

Si les historiens de la littérature s'accordent généralement à faire commencer ce temps vers 1750, ils ne se retrouvent pas pour savoir s'il a pris fin. Entre 1951 et 1980, les morts successives d'André Gide, de François Mauriac et Jean-Paul Sartre, ont clos un âge d'or des lettres françaises sans que personne, en Europe, ne semble capable d'incarner à son tour la figure du Grand-écrivain, laissant ce privilège au Colombien Gabriel García Márquez, au Mexicain Octavio Paz, à l'Américaine Toni Morrison ou au Péruvien Mario Vargas Llosa.

Enfin, Houellebecq vint. Il n'a pas débarqué dans la carrière littéraire en fanfare, comme Céline avec *Voyage au bout de la nuit*, son premier roman immédiatement couronné par le prix Renaudot, après avoir manqué de peu le Goncourt. En 1991 et 1992, lorsqu'ont paru *Rester vivant* et *La Poursuite du bonheur*, seule une poignée de lecteurs ont su entendre un ton nouveau et voir s'esquisser une géographie sentimentale inédite. « La vérité est scandaleuse. Mais sans elle, il n'y a rien qui vaille. Une vision honnête et naïve du monde est déjà un chef-d'œuvre. En regard de cette exigence, l'originalité pèse peu. Ne vous en préoccupez pas. De toute manière, une originalité se dégagera forcément de la somme de vos défauts. Pour ce qui vous concerne, dites simplement la vérité : dites tout simplement la vérité, ni plus ni moins.

[4] Cravan Arthur, Rigaut Jacques, Vaché Jacques, *Trois suicidés de la société*, précédé de quatre essais d'André Breton, préface de José Pierre, éd. 10/18, 1974.

Vous ne pouvez pas aimer la vérité et le monde. Mais vous avez déjà choisi. Le problème consiste maintenant à tenir ce choix. Je vous invite à garder courage. Non que vous ayez quoi que ce soit à espérer[5]. »

Ce mot « vérité », si blessant pour des oreilles postmodernes, est écrit dans les dernières pages de *Rester vivant*. Et répété, quatre fois, à la manière de Péguy – « Dire la vérité, toute la vérité, rien que la vérité, dire bêtement la vérité bête, ennuyeusement la vérité ennuyeuse, tristement la vérité **triste**[6] » – que l'ingénieur agronome engagé au service informatique de l'Assemblée nationale lisait avec beaucoup d'attention, autour de sa trentième année, cherchant probablement à moduler à son tour « sur sa lyre la musique ancestrale de la France[7] ». Ce mot « vérité », à cet endroit, à cette heure, indiquait deux choses dans l'intention de l'écrivain qui avait parallèlement fait paraître *H.P. Lovecraft, contre le monde, contre la vie*, un essai réédité en 2005 avec une préface de Stephen King rédigée pour la traduction anglaise[8] – quand Michel Houellebecq aurait définitivement intégré la catégorie désormais mondialisée du Grand-écrivain. D'une part, une indifférence absolue à l'égard des opinions du Gros animal social. Et d'autre part, un mépris sans fond pour les philosophes du soupçon, les traqueurs de « mauvaise foi » et les maîtres de la déconstruction qui avaient dévalué le mot vérité. Pour un écrivain de 36 ans, inconnu du grand public, écrire le mot « vérité », c'était à la fois se préparer froidement à la marginalité et prétendre au Grand Œuvre, à la Totalité, tel Victor Hugo, à quatorze ans, notant dans son journal : « Je veux être Chateaubriand ou rien. »

## UNE **PRÉSENCE** AU MONDE

Dès l'origine, Michel Houellebecq était à la fois marginal et central. À l'aura du poète maudit, il associait la vision panoptique de l'écrivain total. La « méthode » proposée par ce lecteur de Baudelaire dans *Rester vivant*, en 1991, l'année où l'industrie américaine du divertissement a offert au monde à la fois la guerre du Golfe en *direct live* sur CNN et *American psycho* de Bret Easton Ellis, n'est pas un nouveau « moyen de parvenir » à l'usage des apprentis Grands-écrivains. C'est un guide de survie proposé aux génies méconnus. Ce qu'était l'écrivain, devenu une superstar des ventes dans le monde, avant la publication d'*Extension de domaine de la lutte*, son premier roman, en 1994. « Un poète mort n'écrit plus. D'où l'importance de rester vivant. (…) Non seulement les poètes qui vivent vieux produisent dans l'ensemble davantage, mais la vieillesse est le siège de processus physiques et mentaux particuliers, qu'il serait dommage de méconnaître. Cela dit, survivre est extrêmement difficile. On pourra penser à adapter une stratégie à la Pessoa : trouver un petit emploi, ne rien publier, attendre paisiblement sa mort[9]. »

DÈS L'ORIGINE, MICHEL HOUELLEBECQ ÉTAIT À LA FOIS MARGINAL ET CENTRAL. À L'AURA DU POÈTE MAUDIT, IL ASSOCIAIT LA VISION PANOPTIQUE DE L'ÉCRIVAIN TOTAL.

Il y a beaucoup d'ironie dans tout ce qu'écrit Michel Houellebecq. Le défi qu'il lance au monde dans cette page est cependant très sérieux. Aucun enjeu de la bataille qui se prépare ne lui échappe. « Un grand écrivain est un martyr qui ne mourra, pas, voilà tout », comme le dit Daniel d'Arthez à Lucien de Rubempré dans *Illusions perdues* de Balzac. « Si à quelque distance du but que vous mettent les bizarreries de la destinée vous ne reprenez pas, comme

[5] *Rester vivant, méthode in* Michel Houellebecq, Poésie, éd. J'ai Lu, p. 29-30.

[6] Péguy Charles, *Lettre du provincial*, Cahiers de la Quinzaine (05/01/1900) in *Œuvres en prose complètes* I, éd. Gallimard, Bibliothèque de la Pléiade, 1987, p. 292-293.

[7] Selon la belle expression de Jean Dutourd à propos d'Aragon, l'un des poètes de prédilection de Michel Houellebecq. Cf. *Les Voyageurs du Tupolev*, éd. Plon, 2003, p. 9.

[8] Houellebecq Michel, *H.P. Lovecraft, contre le monde, contre la vie*, avec une introduction de Stephen King traduite de l'anglais par Philippe Mikriammos, éd. du Rocher, coll. Les Infréquentables, 2005.

[9] *Rester vivant, méthode*, *op. cit.*, p. 21.

les tortues en quelque pays qu'elles soient, le chemin de votre infini, comme elles prennent celui de leur cher océan, renoncez dès aujourd'hui. »

Plutôt Vieille Taupe de Marx, creusant sa galerie sous les décombres du monde ancien, ou chameau de Nietzsche, traversant un désert aride avant de se changer en lion, que tortue avançant vers quelque mer inconnue, Michel Houellebecq, dès *Rester vivant*, a marché, lentement mais souverainement, vers son destin, les yeux grands ouverts, avec la certitude de devenir l'écrivain national, mais sans pouvoir dire s'il connaîtrait cette gloire de son vivant ou *post-mortem*. Son chemin d'écrivain nous permet d'identifier le lien serré qui unit le Grand-écrivain au poète maudit, Victor Hugo à Lautréamont.

Quand on relit *Rester vivant* trois décennies après sa publication, et qu'on le met en perspective avec les excès d'honneur et les excès d'indignité dont son auteur a été accablé depuis l'année 1991 douce-amère, on comprend que le poète maudit est un Grand-écrivain mort trop tôt et le Grand-écrivain un poète maudit qui a réussi à survivre.

Palpitante dans *Rester vivant*, cette affaire de survie hantait encore *Ennemis publics*, la correspondance que Michel Houellebecq et Bernard-Henri Lévy ont échangée par voie électronique entre janvier et juillet 2008[10]. Un livre qu'on aurait tort de négliger. Même quand ils grimacent sous le masque, les deux hommes y dévoilent le fond de leur cœur – avec un accent de vérité souvent déchirant chez Michel Houellebecq. Et quand il y est question de l'homme qu'ils voudraient être, l'un et l'autre l'énoncent sans hésitation : le Grand-écrivain. Dans ce dialogue que ces deux habiles ont pris soin de placer sur les hauteurs, loin du commun, de ses mesquineries, de ses jalousies et de ses « passions tristes », il n'est question que de phares et de flambeaux de la littérature universelle : Johann Wolfgang von Goethe, Gustave Flaubert, Fédor Dostoïevski, Charles Baudelaire, Victor Hugo, Marcel Proust, Franz Kafka, Jean-Paul Sartre, Louis Aragon.

À la façon dont ils se passent rhubarbe et séné, il est manifeste que Michel Houellebecq et Bernard-Henri Lévy sont persuadés de faire partie du club. Qu'il me soit permis de convoquer un cerbère sur le seuil de ce cercle très fermé. Ou plutôt un juge de la vallée de Josaphat, plus conforme à ma tradition et à mon préjugé. Cet examinateur leur laissera-t-il passer la « porte étroite » dont parle l'Évangile de Luc ? Porteur du Testament de Dieu et de nouvelles torahs sans nombre, Bernard-Henri Lévy filera probablement s'installer à la table éternelle d'Abraham, d'Isaac et de Jacob, avec ou sans les clés du Paradis. Il y a des gens qui entrent ainsi au Polo, au Jockey Club ou au Tir au Pigeon, avec un tel aplomb que personne n'ose leur demander s'ils sont à jour dans leurs cotisations.

## NÉ UN **26 FÉVRIER**

Il y a chez Michel Houellebecq quelque chose de plus prosaïque qui autorise un examen rationnel de son dossier avant de le laisser s'asseoir dans l'empyrée aux côtés de Victor Hugo, une place à laquelle l'auteur des *Particules élémentaires* se sent naturellement destiné : « Alors, comment devenir Victor Hugo ? Comment développer en soi cette puissance ? Je vais vous faire sourire, mais il m'est arrivé de puiser un certain réconfort dans la pensée que j'étais, comme Victor Hugo, né un 26 février[11]... »

Dans une merveilleuse conférence intitulée « La figure du "grand écrivain" en France et ailleurs, d'André Gide à Marguerite Duras », prononcée lors d'un colloque en 1993, Dominique Noguez, avec l'érudition et la drôlerie qui lui étaient coutumières, a proposé quelques éléments pour faire le portrait de cet oiseau. Il a même suggéré une graphie nouvelle : « le grantécrivain[12]. »

[10]Houellebecq Michel et Lévy Bernard-Henri, *Ennemis publics*, éd. Flammarion/ Grasset, 2008.

[11]*Idem*. p. 271

[12]Noguez Dominique, *Le Grantécrivain & autres textes*, éd. Gallimard, coll. L'Infini, 1993.

Pour plus de clarté, tenons-nous en au Grand-écrivain proposé par Jaccottet dans sa traduction de *L'Homme sans qualités*. Selon Dominique Noguez, le Grand-écrivain est d'abord un écrivain, ce qui n'est pas une tautologie. Il n'est ni un « auteur » ni un « écrivant », a fortiori ni une autrice ni une écrivante, même quand « l'écrit-vente » deviendrait le fantasme de tous les éditeurs. C'est un écrivain au sens que ce mot avait pour « Gide ou Sartre, mais aussi bien pour Valéry, Julien Benda, Julien Gracq, Maurice Blanchot ou Marguerite Duras » ; deuzio, le Grand-écrivain est « plus qu'un écrivain *stricto sensu*. Il est d'abord écrivain dans plusieurs genres » ; tertio, le Grand-écrivain est un « métaécrivain », il possède une influence qui s'exerce au-delà de ses livres, par le moyen de l'édition, de la presse, de sa correspondance ; quatro, le Grand-écrivain est « un écrivain d'idées », qui envisage la possibilité de s'ériger en intellectuel absolu excellant dans tous les domaines de la pensée ; et pour finir, le Grand-écrivain est « présent au monde », il intervient dans la vie publique, sacrifie aux obligations sociales liées à son ministère et possède l'ambition de totalité observée chez Michel Houellebecq. « Le grantécrivain, c'est cet acteur non seulement de la scène littéraire, mais de la scène culturelle et de la scène publique en général, qui se promène sur terre non seulement – comme tout écrivain – en représentant de commerce de lui-même, mais aussi en incarnation de la conscience universelle, non seulement en élégant phénomène de foire invité dans les dîners en ville, mais en sombre demi-dieu tombé du ciel des idées, préposé tout aussi bien aux "J'accuse" solennels qu'aux interviews dans *Marie-Claire*, aux éloges funèbres sur la Place rouge qu'aux prises de parole sur vieux tonneaux de fuel à la sortie des usines Renault[13]. »

**LE GRAND-ÉCRIVAIN EST UN « MÉTAÉCRIVAIN », IL POSSÈDE UNE INFLUENCE QUI S'EXERCE AU-DELÀ DE SES LIVRES, PAR LE MOYEN DE L'ÉDITION, DE LA PRESSE, DE SA CORRESPONDANCE.**

## « LA **FIN** DE TOUT »

Le souvenir de Jean-Paul Sartre à Billancourt, le 20 octobre 1970, surgit utilement. C'était après Auschwitz et après le goulag, après le carnage industrialisé de la Première Guerre mondiale et après la Révolution bolchevique. Mais c'était avant le rapport du club de Rome sur l'impossibilité de la croissance illimitée de la population et de la production matérielle, c'était avant le choc pétrolier de 1973, avant la prise de la Grande Mosquée de La Mecque en 1979, avant la conversion de la gauche française à l'économie de marché, avant la chute du mur de Berlin, avant la fin de la guerre froide, avant, surtout, que le politologue américain Francis Fukuyama, dans un essai au retentissement mondial publié en 1992, n'ait annoncé *La Fin de l'histoire et le Dernier Homme*.

La fin du cycle des idéologies, des utopies et des révolutions, sanctionnée par cette fin de l'histoire provisoire et par l'euphorie techno-marchande afférente, était peu de chose quand on songe à ce qui est venu par la suite. Après la fin de l'histoire sont venus la fin du monde, l'épuisement des ressources naturelles et l'effacement de l'avenir. « Notre époque est celle de la fin de tout », écrit la philosophe et essayiste espagnole Marina Garcés dans *Nova il·lustració radical*[14]. À cette fin de tout, il faut naturellement associer la « mort de l'auteur » proclamée par les structuralistes et les adeptes du « tout-texte »

[13] *Idem*, p.13.

[14] Garcés Marina, *Nova il·lustració radical*, Editorial Anagrama, 2017, p. 13.

à la fin des années 1960, une annonce funèbre qui n'augurait pas l'émergence de nouveaux Grands-écrivains. « L'une des fonctions du langage, et de la littérature comme langage, est de détruire son locuteur et de le désigner comme absent », jurait ainsi Gérard Genette[15], évacuant l'importance du biographique dans la création.

Ces plaisanteries de laborantin fou qu'on enseigne dans les universités occidentales sont urticantes, mais à y regarder de près, les univers numériques ont sapé les fondements de notre vieille civilisation littéraire et le théâtre social qui lui était associé de manière beaucoup plus redoutable. La ronde enragée des opinions, qui se dévorent méthodiquement les unes après les autres, le subjectivisme radical qui dispense à la fois d'admiration et d'esprit critique, la rotation des bénéficiaires du quart d'heure de gloire warholien, l'absence de relation entre la vérité liquide d'un jour et celle, gazeuse, du lendemain, ont rendu impossible le magistère d'un Grand-écrivain comme celui que Jean-Paul Sartre a exercé sur son temps, appelant les ouvriers à une union avec les intellectuels.

**« À MESURE QUE VOUS APPROCHEZ DE LA VÉRITÉ, VOTRE SOLITUDE AUGMENTE. LE BÂTIMENT EST SPLENDIDE, MAIS DÉSERT. VOUS MARCHEZ DANS DES SALLES VIDES, QUI VOUS RENVOIENT L'ÉCHO DE VOS PAS. »**

## **VISION** PRÉMONITOIRE

Michel Houellebecq a publié ses deux premiers ouvrages l'année où les accords de Minsk entérinaient la fin de l'Union soviétique et le troisième quand Francis Fukuyama faisait paraître *La Fin de l'histoire*. Ce n'était pas exactement un moment où le monde, accaparé par Techno-Science-Économie et par les promesses de la mondialisation heureuse, était disposé à entendre la parole d'un poète, et encore moins celle d'un poète pessimiste de langue française, un fils athée de Pascal. L'écrivain est cependant resté fidèle à son programme initial, à sa « méthode » de 1991. « À mesure que vous approchez de la vérité, votre solitude augmente. Le bâtiment est splendide, mais désert. Vous marchez dans des salles vides, qui vous renvoient l'écho de vos pas. L'atmosphère est limpide et invariable ; les objets semblent statufiés. Parfois vous vous mettez à pleurer, tant la netteté de la vision est cruelle. Vous aimeriez retourner en arrière, dans les brumes de l'inconnaissance, mais au fond vous savez qu'il est déjà trop tard[16]. »

Trop tard pour perdre la foi dans les mots et dans les livres sous la pression des machins et des machines. Trop tard, en 1994, l'année de publication d'*Extension du domaine de la lutte*, pour douter de l'actualité – c'est-à-dire de la vérité en actes – de phrases comme celles-ci : « Moi je vis seul, entièrement seul. Je ne parle à personne, jamais ; je ne reçois rien, je ne donne rien. » Une confession d'Antoine Roquentin mise dans sa bouche par Jean-Paul Sartre dans *La Nausée*, à laquelle Michel Houellebecq a donné une force et une illustration nouvelles dans ses premiers poèmes et son premier roman, immédiatement placé parmi les grands – la critique ayant également évoqué *L'Étranger* d'Albert Camus. Qu'on songe à cette réactualisation du thème de l'absurde, lorsque le narrateur pousse Tisserand au crime : « Il te faudra bien sûr tuer le type avant d'accéder au corps de la femme. Du

[15] Cité par Olivier Nora, « La visite au grand écrivain » *in* Pierre Nora, *Les Lieux de mémoires*, tome II, *La Nation*, éd. Quarto Gallimard, 1997, p. 2150.

[16] *Rester vivant, méthode*, *op. cit.*, p. 30.

reste, j'ai un couteau à l'avant de la voiture[17]. »

Ce qui est génial, dans ce premier roman, ce ne sont pas tant les échos de Sartre et Camus (que l'ouïe fine des universitaires est parfois seule capable de percevoir), que la vision prémonitoire des catastrophes engendrées par la frustration sexuelle et par cette « loi sociale » formulée en des termes scientifiques et froids que n'aurait pas renié Gabriel Tarde, l'auteur des *Lois de l'imitation* : « Tout comme le libéralisme économique sans frein, et pour des raisons analogues, le libéralisme sexuel produit des phénomènes de paupérisation absolue. Certains font l'amour tous les jours ; d'autres cinq ou six fois dans leur vie, ou jamais. Certains font l'amour avec des dizaines de femmes ; d'autres avec aucune. C'est ce qu'on appelle la "loi du marché". Dans un système économique où le licenciement est prohibé, chacun réussit plus ou moins à trouver sa place. Dans un système sexuel où l'adultère est prohibé, chacun réussit plus ou moins à trouver son compagnon de lit. En système économique parfaitement libéral, certains accumulent des fortunes considérables ; d'autres croupissent dans le chômage et la misère. En système sexuel parfaitement libéral, certains ont une vie érotique variée et excitante ; d'autres sont réduits à la masturbation et la solitude. Le libéralisme économique, c'est l'extension du domaine de la lutte, son extension à tous les âges de la vie et à toutes les classes de la société. De même, le libéralisme sexuel, c'est l'extension du domaine de la lutte, son extension à tous les âges de la vie et à toutes les classes de la société[18]. » Dès 1994, Michel Houellebecq a eu le don de cartographier le pays du ressentiment où allait éclore la sous-culture *incel* (de l'anglais *involuntary celibate*, soit le « célibat involontaire »), annonçant, avec sa métaphore du « couteau à l'avant de la voiture », les passages à l'acte meurtriers auxquels on a assisté en mai 2014 à l'université de Santa Barbara en Californie, en décembre 2017 dans un lycée d'Aztec au Nouveau-Mexique ou en 2018 à Parkland en Floride.

## POÈTE-**PROPHÈTE**

Ce sont cependant les huit petits jours qui ont séparé la publication en France de *Plateforme*, le troisième roman de Michel Houellebecq, et les quatre attentats-suicides islamistes à New York, Arlington et Shanksville, aux États-Unis, en septembre 2001, qui ont valu à l'écrivain une réputation universelle de devin et l'ont imposé comme le lointain héritier des poètes-prophètes du romantisme. Plus tard, cette réputation a été renforcée par l'attaque terroriste de la rédaction de *Charlie Hebdo*, le 7 janvier 2015, que l'hebdomadaire satirique, sans le savoir, avait annoncé le jour même avec une première page en couleur où une caricature de Riss ironisait sur « les prédictions du mage Houellebecq ». Parmi les rédacteurs de *Charlie Hebdo* assassinés par les islamistes, il n'y a guère que Bernard Maris, l'auteur de *Houellebecq économiste*[19], pour n'avoir jamais douté des performances du sismographe hypersensible dont disposait son ami.

Cette capacité visionnaire est singulière, dans la panoplie du Grand-écrivain. Beaucoup en ont rêvé, à l'instar de Victor Hugo promettant la naissance des États-Unis d'Europe, mais peu en ont disposé, sinon Chateaubriand, dans les dernières pages des *Mémoires d'outre-tombe* consacrées à l'unification du monde par la technique. Mais j'ai dit plus haut pourquoi je ne rangeais pas le petit René dans la famille des Grands-écrivains : de fait, il y a, en France, beaucoup moins d'avenues Chateaubriand que d'avenues Victor-Hugo, et il n'y en a aucune à l'étranger. N'importe. Le don de prophétie universelle

[17]Houellebecq Michel, *Extension du domaine de la lutte*, éd. Maurice Nadeau, 1994, p.136.

[18]*Idem*, p. 115.

[19]Maris Bernard, *Houellebecq économiste*, éd. Flammarion, 2014.

s'observe rarement chez les écrivains, qui semblent plus doués pour les conjectures privées, tel Proust racontant sa mort à travers celle de Bergotte[20]. Ceux qui ont prédit des lendemains qui chantent se sont souvent trompés et l'annonce du triomphe des ténèbres est un exercice auquel seuls des génies du rang de Kafka ont pu se risquer.

Le rare don de prophétie ne figure pas dans la typologie proposée par Dominique Noguez dans *Le Grantécrivain & autres textes*. Ni d'ailleurs l'obligation, pourtant décisive depuis le lendemain de la Seconde Guerre mondiale, quand le français a cessé d'être la langue universelle du bon goût et de la culture qu'elle était devenue au milieu du XVIIe siècle et le traité de Westphalie[21], d'être abondamment traduit. Aux cinq qualités du Grand-écrivain à la mode 1930 ou 1950 croqué par Dominique Noguez, Michel Houellebecq, candidat sérieux au prix Nobel de littérature 2031, l'année de ses 75 ans, en a donc ajouté deux autres. En 1998, *Les Particules élémentaires*, son deuxième roman, a immédiatement été traduit dans trente langues. Il l'est désormais dans quarante. Et le romancier extralucide a démontré son aptitude à voir venir les catastrophes.

Écrivain au sens fort du mot, romancier, poète, essayiste, acteur, chanteur, cinéaste et photographe exerçant un ascendant puissant sur les intellectuels et les artistes de son temps, auteur d'« interventions[22] » médiatiques remarquées, largement traduit dans le monde, en anglais, en allemand, en espagnol, en portugais, en russe, en japonais et même en arabe par les éditions Al-jamal à Cologne, Michel Houellebecq est de toute évidence ce que les Français appellent un grand écrivain. Mais il ne l'est pas à la mode de Victor Hugo, d'Anatole France ou de Romain Rolland. Ni même à la façon de Sartre et Camus. C'est un Grand-écrivain d'un genre nouveau, adapté aux périls de la modernité liquide, à ses changements d'humeur permanents, à ses caprices d'enfant gâté. Un Grand-écrivain que ses aînés dans la carrière, Stephen King, Salman Rushdie et Bret Easton Ellis, ont vu briser le maléfice de l'universalité de la langue anglaise. Car il faut souligner que Michel Houellebecq est à la fois un amoureux, un magicien et un défenseur de la langue française, assumant tout le poids de ringardise généralement attaché à ce dernier mot, prêt à le tirer comme un boulet, à l'instar de son ami Benoît Duteurtre.

## LE DEVOIR DE **PARLER**

Dans un texte intitulé « La visite au grand écrivain » publié dans *Les Lieux de mémoire*[23], Olivier Nora s'est intéressé aux aspects du mythe et à ses variations depuis l'époque des Lumières jusqu'à celle d'*Apostrophes*. À rebours de l'Université évacuant le biographique de la création, la vidéosphère, qui a succédé à la graphosphère[24] avec l'apparition de la télévision couleur, a évacué la création au profit de la biographie. On a alors cessé de raconter la vie des héros – Pantagruel, Don Quichotte, Eugénie Grandet, Julien Sorel, Emma Bovary, Aliocha Karamazov, Tom Sawyer ou Gatsby le magnifique – pour s'intéresser à celle des auteurs. Dans ses *Essais*[25], Philippe Muray a laissé des pages féroces sur le grand bousillage accompli par Bernard Pivot dans ce domaine. Dans *Les Lieux de mémoire*, Olivier Nora s'exprime en termes plus policés.

« Si la machine à gloire qu'est l'écriture n'a effectivement pas été concurrencée par le développement des médias modernes, mais s'y est intégrée et démultipliée, il n'en reste pas moins que leur capacité à créer une notoriété *ex nihilo* relègue l'écriture au second plan. Il est vrai que l'écriture peut être davantage sacralisée, mais il est vrai désormais que l'on peut se passer de la lecture... Le nouveau système sacre donc l'écrivain au détriment de l'écriture ; le simulacre



[20] Bayard Pierre, *Demain est déjà écrit*, éd. Minuit, 2005.

[21] Fumaroli Marc, « Le génie de la langue française » *in* Pierre Nora, *Les Lieux de mémoire*, tome III, éd. Quarto Gallimard, 1997, p. 4623.

[22] Houellebecq Michel, *Interventions*, 1998 ; *Interventions 2*, éd. Flammarion, 2009.

[23] Nora Olivier, « La visite au grand écrivain », *op. cit.*, p. 2131-2155.

[24] Cf. Régis Debray, *Cours de médiologie générale*, éd. Gallimard, 1991.

[25] Muray Philippe, *Essais*, éd. Les Belles Lettres, 2010.

télévisuel résout le texte en spectre. Les présupposés de la gloire de l'écrivain reposent toujours sur le choix qu'il fait d'écrire, mais les raisons de sa célébrité résident désormais dans le devoir qui lui est fait de parler[26]. »

## « L'HOMME À **ABATTRE** »

Vu de dos, lorsqu'il se désole de l'influence funeste qui l'a fait naître dans un siècle de mathématiques, Michel Houellebecq ressemble plus à Lamartine qu'aux scripteurs de la génération WhatsApp. « Au fond, la célébrité ne m'a jamais intéressé. Si par exemple j'avais bénéficié d'une petite rente, j'aurais certainement écrit des livres (j'en aurais probablement écrit davantage) ; mais jamais je n'aurais mis les pieds sur un plateau de télé. Après la sortie fracassante des *Particules élémentaires*, quoi qu'il en soit, j'étais dans l'engrenage ; et j'étais devenu l'homme à abattre[27]. » Les grandeurs du Grand-écrivain s'accompagnent hélas de quelques misères. Sa réputation accroche à ses pas toute une foule de curieux, d'exégètes, de fouineurs, de censeurs, d'examinateurs, de commentateurs, de calomniateurs, de démolisseurs, voire de procureurs et d'inquisiteurs qui se recrutent notamment dans les gazettes – et plus souvent dans les grands journaux que dans la presse *people* de caniveau. Dans *L'Homme sans qualités*, Robert Musil observe ces fouilleurs de poubelles du Grand-écrivain avec une réjouissante cruauté : « Tout cela ne prend ses véritables proportions qu'avec les essayistes, les biographes et les historiens express qui se soulagent sur le grand homme. Révérence parler, les chiens ne préfèrent-ils pas toujours, pour leurs très communs besoins, un coin de rue animé à un rocher isolé ? Comment donc des hommes qui éprouvent ce plus notable désir de laisser leur nom à la postérité choisiraient-ils un rocher notoirement solitaire ?[28] »

Vu de face, à l'instar du Grand-écrivain radiographié en deux temps par Robert Musil dans son roman, Michel Houellebecq apparaît cependant redoutablement armé pour la Grande guerre médiatique qui a poussé tant de ses contemporains dans le ressentiment, la satisfaction ou l'insignifiance. L'écrivain ne s'est jamais fait piéger dans une émission de télévision transformée en combat de gladiateurs. Parmi ses contemporains, il est l'un de ceux auxquels sont aujourd'hui consacrés le plus de thèses et de travaux universitaires, en France et partout dans le monde[29]. Ceux qui ne voulaient parler que de ses contrats, de ses opinions politiques, de son goût pour l'alcool ou de sa mère avant de ranger ses livres parmi « les plus beaux coups des éditeurs », ont fini par être obligés de les lire, d'en commenter la construction et le déroulement, le ton, le tour et le style.

**MICHEL HOUELLEBECQ APPARAÎT CEPENDANT REDOUTABLEMENT ARMÉ POUR LA GRANDE GUERRE MÉDIATIQUE QUI A POUSSÉ TANT DE SES CONTEMPORAINS DANS LE RESSENTIMENT, LA SATISFACTION OU L'INSIGNIFIANCE.**

Au temps médiatique, Michel Houellebecq a imposé le sien, intervenant où il voulait, quand il voulait, un jour dans *Les Inrockuptibles* ou sur France Inter, un autre dans *Valeurs actuelles* ou dans *Le Figaro*. Et quand il s'est agi de proposer son analyse de l'élection présidentielle de 2022, il l'a fait dans l'hebdomadaire allemand *Der Spiegel*, ne négligeant ni sa réputation internationale ni un statut qui lui est accordé à Hambourg avec moins de réserves et de discussions qu'à Paris : *der Großschriftsteller*. ◆

[26] Nora Olivier, « La visite au grand écrivain », *op. cit.* p. 2149.

[27] Houellebecq Michel et Lévy Bernard-Henri , *Ennemis publics*, *op. cit.*, p. 235.

[28] *L'Homme sans qualités*, *op. cit.*, p. 576.

[29] Pour la France, le site thèses.fr recense 232 thèses de 2012 à 2022. https://www.spiegel.de/kultur/literatur/michel-houellebecq-ueber-frankreichs-zukunft-nicht-versoehnt-a-c898dc3b-f028-4cf8-b623-24b1e8f0fd4d

RÉACTIONNAIRE

# Geoffroy Lejeune : « Mon ami Michel Houellebecq »

PROPOS RECUEILLIS PAR
MAXIME LE NAGARD

VALEURS

**Au cours de son entretien avec Michel Onfray, Michel Houellebecq cite à deux reprises son ami Geoffroy Lejeune, 34 ans, directeur de la rédaction du magazine conservateur *Valeurs actuelles*. Nous avons voulu en savoir davantage sur cette relation singulière, qui les a menés de la brasserie La Rotonde au palais de l'Élysée en passant par Bruxelles et le Cirque d'hiver.**

**F.P.** : Comment avez-vous connu Michel Houellebecq ?

**GEOFFROY LEJEUNE:** C'est simple, à l'origine ce n'est ni plus ni moins qu'une fascination de lecteur et un intérêt de journaliste. À partir de la publication de *Soumission*[1] en 2015, j'ai essayé de prendre contact avec lui à plusieurs reprises, d'abord pour lui demander son avis sur l'islam, ensuite sur d'autres sujets, mais toujours en vain. Dès que j'avais un thème un peu profond à traiter, je pensais forcément à lui, à sa capacité unique de voir les choses avant tout le monde. J'avais son adresse mail, que pas mal de gens m'avaient donnée, et qui m'avait l'air d'être sûre. Je ne compte plus le nombre de fois où je l'ai sollicité, comme je peux solliciter d'autres grands écrivains tels qu'Alain Finkielkraut ou Michel Onfray. Résultat, j'ai obtenu beaucoup de réponses polies, mais jamais aucun entretien. Jusqu'en 2017, quand nous avons recruté Charlotte d'Ornellas à *Valeurs actuelles*. Elle a eu l'excellente idée d'inviter Michel Houellebecq au restaurant, comme ça, sans enjeu particulier, en s'engageant à ne rien publier de nos échanges. Michel a accepté et nous nous sommes ainsi retrouvés un soir avec lui à dîner à La Rotonde, près de la gare Montparnasse à Paris. Il y avait aussi le chef de notre service Société, Michaël Fonton. Le repas a commencé à 20 h 30 et s'est terminé à… 4 h 30 du matin ! Ce qui nous a permis de poser à Houellebecq toutes les questions qui nous passaient par la tête, en buvant des verres de meursault, en refaisant le monde et en rigolant. Nous avons alors découvert quelqu'un d'extrêmement attachant, fidèle à l'image du personnage public qu'il est et en même temps, un peu désarmant avec ses réponses parfois à l'emporte-pièce. Depuis, on a souvent dîné ensemble, pour parler de tout et de rien, de littérature, de ses problèmes avec l'URSSAF ou encore de son chien Clément, enterré au cimetière d'Asnières-sur-Seine. C'est devenu une relation amicale en ce sens qu'il est venu dîner chez moi, que j'ai dîné chez lui, qu'il m'a présenté sa femme et certains de ses amis. Il se trouve que par moments, et seulement par moments, cette relation personnelle peut se télescoper avec mon métier et que Michel Houellebecq me donne alors un texte pour le magazine, ou participe à une conférence, comme notre grand forum au Cirque d'hiver en 2019 avec Jacques Attali et Bruno Le Maire. Notre dernière « collaboration » remonte d'ailleurs à cet événement.

> « NOUS AVONS ALORS DÉCOUVERT QUELQU'UN D'EXTRÊMEMENT ATTACHANT, FIDÈLE À L'IMAGE DU PERSONNAGE PUBLIC QU'IL EST ET UN PEU DÉSARMANT, AVEC SES RÉPONSES PARFOIS À L'EMPORTE-PIÈCE.

**F.P.** : On dit que vous avez joué un rôle dans l'attribution de sa Légion d'honneur. Est-ce vrai ?

[1] Houellebecq Michel, *Soumission*, éd. Gallimard, 2015.

**GEOFFROY LEJEUNE :** Effectivement. Lors de son mariage, en octobre 2018, Michel me dit qu'il va aller en Belgique recevoir le prix Spengler. Et il me propose de l'accompagner. Je suis ravi. Le jour venu, je me trouve donc à Bruxelles pour la cérémonie. Or, chose rare, il a revêtu pour l'occasion un costume cravate. Et à sa boutonnière, j'avise une décoration. Je lui demande s'il s'agit de la Légion d'honneur. À mon grand étonnement, il me répond que c'est une distinction qui lui a été remise par le ministère de la Culture autrichien. Je suis stupéfait de l'absence de médaille française à son revers, lui qui a quand même le prix Goncourt… Puis quelques jours plus tard, le hasard du calendrier veut que je déjeune avec Bruno Roger-Petit, le conseiller mémoire d'Emmanuel Macron, à qui je fais part de cette anomalie. Tout de suite, je comprends qu'une idée fait tilt dans son esprit. Et effectivement, il m'apprendra peu de temps après qu'il a proposé au président de la République de remettre la Légion d'honneur à Michel Houellebecq, d'ailleurs contre l'avis d'autres conseillers de l'Élysée, très hostiles, et que le projet a été approuvé. C'est à moi qu'il est demandé de vérifier qu'il n'y aura pas de refus de la part de l'intéressé.

Un vendredi soir, jour de départ pour les vacances de Noël, j'appelle donc Michel, ce qui n'est pas évident quand on connaît son rapport compliqué avec le téléphone. Bruno Roger-Petit devait boucler la liste avant 20 heures et il était 19 heures. Après plusieurs tentatives, la femme de Michel décroche. Il fait une sieste, me dit-elle, et quand il dort, on ne peut rien faire. Nous arrivons ainsi tous les deux à la conclusion que tout dépendra de l'heure de son réveil. S'il émerge avant 20 heures, il aura la Légion d'honneur. S'il est vraiment crevé, ce sera pour autre fois ! Heureusement, Michel se réveillera à temps pour me donner son accord.

**F.P. :** Qu'avez-vous pensé de cette décision prise par Emmanuel Macron d'honorer ainsi quelqu'un qui ne partage pas du tout ses idées ?

**GEOFFROY LEJEUNE :** Le jour de la remise de la décoration, j'ai vraiment compris la passion d'Emmanuel Macron pour la triangulation de l'adversaire. On est alors en plein contexte des élections européennes. À l'époque, il parle carrément de « lèpre populiste ». Or, quand il se trouve devant nous, physiquement face à Michel Houellebecq, sa fascination pour ce qui représente à ses yeux le « mal » est palpable. Mon hypothèse, c'est qu'il a le sentiment de dompter l'ennemi, de se sentir puissant. Il me fait penser à Bernard Giraudeau dans le film *Ridicule*, qui joue le rôle d'un abbé de cour se prétendant capable de prouver l'existence de Dieu en vingt minutes et aussitôt après, de proposer la démonstration exactement inverse. De la même manière, Macron n'aime rien tant que dire tout et son contraire. Il a en somme cette maladie, que Nicolas Sarkozy avait aussi, qui consiste à penser qu'on peut tout réconcilier rien qu'avec son énergie et son brio. Mais évidemment, personne ce jour-là n'est dupe de ce qui se passe, et surtout pas Michel Houellebecq. Seulement, je crois avoir perçu quand même chez lui une certaine fierté. Ce que je comprends très bien d'ailleurs : moi-même, je serais très ému si on organisait une cérémonie officielle en mon honneur.

**F.P. :** Vous avez un point commun avec Michel Houellebecq, qui est d'avoir écrit un livre de politique-fiction[2] sur les élections présidentielles. Dans *Soumission*, Houellebecq imagine qu'en 2022, un candidat islamiste modéré rentre à l'Élysée. Chez vous, c'est Éric Zemmour qui devient chef de l'État. Est-ce un hasard ?

**GEOFFROY LEJEUNE :** Non, bien sûr. J'ai eu l'idée de mon livre très peu de temps après avoir lu *Soumission*. Il

[2] Lejeune Geoffroy, *Une Élection ordinaire*, éd. Ring, 2015.

faut reconnaître qu'on s'est tous les deux trompés dans nos prévisions… Ce sont des livres qui n'ont absolument rien à voir et d'ailleurs, Michel n'a pas du tout aimé le mien *(rires)*. Pour Houellebecq, l'élection présidentielle n'est pas le sujet principal, ce n'est qu'un prisme pour révéler une situation beaucoup plus générale, qui concerne toute la société française. Tandis que mon roman reste focalisé sur les mœurs politiques du moment et précisément celles de la droite. Je voulais montrer que les républicains ne savaient plus où ils habitent, et que le Front national était dans une impasse stratégique. Et je postulais que seule une personnalité qui ne viendrait pas du sérail, capable de réunir ces deux formations, pourrait conduire le camp patriote à la victoire. À mes yeux, Éric Zemmour incarnait assez bien cette thèse, car j'ai la conviction que les intellectuels médiatiques, comme lui ou Michel Onfray, qui ont une parole libre et peuvent dire ce qu'ils pensent, sont aujourd'hui davantage écoutés par les Français que les hommes politiques classiques, dont le discours est trop corseté. Mais aujourd'hui, si je devais réécrire le livre, je plaiderais pour un rassemblement au-delà de la seule droite, ce qui est un peu au fond le mantra de *Front Populaire*, n'est-ce pas ?

**F.P. :** Michel Onfray prône effectivement le dépassement des clivages. Il a d'ailleurs souvent fait savoir que, même s'il ne partage pas votre ligne, il apprécie *Valeurs actuelles* pour le respect que vous portez à vos adversaires politiques. Respect qu'il ne retrouve pas dans la presse de gauche...

**GEOFFROY LEJEUNE :** Je prends ça comme un très beau compliment de sa part. *Valeurs actuelles* est en effet très attaché au principe de la « disputation » entre grands esprits. Je pense même que c'est l'une des missions de la presse que de perpétuer la république des lettres, d'organiser le débat d'idées entre camps très opposés. Les lecteurs n'achètent pas notre magazine pour voir valider leurs idées page après page et se radicaliser dans leurs certitudes. Au contraire, ils cherchent à se faire bousculer dans leurs convictions.

> « QUAND MICHEL ONFRAY ME DIT QUE JE SUIS TROP LIBÉRAL EN ÉCONOMIE, OU TROP DOGMATIQUE EN MATIÈRE DE BIOÉTHIQUE, C'EST PLUS UTILE POUR MOI QUE S'IL VALIDAIT TOUTES MES CONVICTIONS. »

**F.P. :** Pourtant, vous ne donnez pas la parole à quantité d'hommes de gauche dans vos colonnes...

**GEOFFROY LEJEUNE :** Ce n'est pas faute d'essayer, je vous assure. La *cancel culture* est en train de tuer la démocratie, de liquider notre esprit très français de troisième mi-temps, où l'on se confronte entre personnes qui ne pensent pas la même chose. Je peux vous montrer la liste interminable de mes échanges par SMS avec Jean-Luc Mélenchon, où je ne cesse de lui demander un entretien : c'est une succession de refus, ponctuée de temps en temps par des insultes *(rires)*. Or, je ne demande rien de mieux qu'une franche engueulade, courtoise bien sûr, avec un homme de gauche. Quand Michel Onfray me dit que je suis trop libéral en économie, ou trop dogmatique en matière de bioéthique, c'est plus utile pour moi que s'il validait toutes mes convictions.

**F.P. :** Dans son entretien avec Michel Onfray, Michel Houellebecq vous qualifie de réactionnaire. Assumez-vous ce qualificatif ?

**GEOFFROY LEJEUNE :** Je viens d'un milieu dans lequel on ne s'intéresse pas spécialement à la politique. Si bien que la première fois que j'ai entendu le mot « réactionnaire », c'est à l'âge adulte, dans une émission de Laurent Ruquier, où Éric Zemmour se revendiquait comme tel. Il disait qu'il était réactionnaire en ce sens qu'il « réagissait ». Je partage cette définition. Aussi, quand *Libération* m'a traité de réac, en 2015, lors de la sortie de mon premier livre, ça m'a fait plaisir. Cela voulait dire que j'appartenais vraiment à la grande famille des gens qui pensent que le pays va mal. Bref, je n'ai jamais trouvé ce terme insultant, ce qui désarçonne un peu mes adversaires. Quant à Michel Houellebecq, je pense qu'il le dit de façon affectueuse. J'étais assis à son mariage à côté d'une de ses amies, journaliste de gauche, qui a plaisanté avec lui en lui faisant remarquer qu'on l'avait placée à « la table des populistes ». À quoi Michel a répondu qu'elle se trompait de mot et que c'était en réalité la table des réactionnaires. Reconnaissez que c'est plus chic ! ◆

SCIENCE

# LE PRÉSENT ET LE FUTUR SELON MICHEL HOUELLEBECQ

PAR
OLIVIER REY

=SMiT=

**En 2016, Michel Houellebecq dressait pour *Les Inrockuptibles* la liste d'une vingtaine de livres qui, selon lui, n'avaient pas reçu un accueil mérité de la presse. Parmi ceux-ci, *Après la chute*, le second roman d'Olivier Rey (paru l'année précédente aux éditions Pierre-Guillaume de Roux) a ainsi bénéficié d'un coup de pouce salutaire. Son auteur, polytechnicien et chercheur en philosophie au CNRS, se penche ici sur le « Houellebecq futurologue ».**

« Il trouvait que le bonheur mérité par l'excellence de son âme tardait à venir. »
Gustave Flaubert,
*L'Éducation sentimentale*, 1869

Le futur s'anticipe à partir de l'état présent et de la dynamique en cours. Pour ce qui est de l'état présent, il n'est pas brillant. À peu près tout se dérègle, du climat à l'économie, de la politique à la démographie, de la *biosphère* aux mœurs. Même le très progressiste Macron a cru bon de nommer son nouveau parti Renaissance. De quoi renaît-on, sinon de ses cendres ? C'est dire le marasme dans lequel, après des siècles de progrès intensif, nous sommes plongés. L'humeur individuelle en témoigne.

En 1994, Michel Houellebecq écrit dans *Extension du domaine de la lutte*: « Aucune civilisation, aucune époque n'ont été capables de développer chez leurs sujets une telle quantité d'amertume. De ce point de vue-là, nous vivons des moments sans précédent. S'il fallait résumer l'état mental contemporain par un mot, c'est sans aucun doute celui que je choisirais : l'amertume. »

Pour ce qui est de la dynamique en cours, c'est en cherchant à éclaircir la façon dont un état si peu enviable a été atteint que nous en aurons une idée.

La messe catholique commence par un *Kyrie eleison* – Seigneur, prends pitié. Au temps de la chrétienté, les hommes ne se faisaient pas une image idyllique de leur condition. À l'église, mais aussi en dehors. Un exemple ? Une tradition d'origine pythagoricienne voulait que les mouvements des astres fussent régis par des nombres, dont les rapports correspondaient aux proportions qui produisent l'harmonie en musique. Voici que Kepler, au début du XVIIe siècle, découvre que les planètes décrivent non des cercles, mais des ellipses, et que la vitesse sur leur trajectoire n'est pas constante, mais varie, conformément à la loi des aires. Il calcule le rapport entre la vitesse angulaire la plus élevée, au périgée, et la vitesse la plus faible, à l'apogée, et associe ce rapport à un écart musical. Pour la Terre, l'écart est d'un demi-ton, tel celui qui sépare les notes *mi* et *fa*. Kepler en déduit que la Terre chante, sur son orbite, *mi-fa-mi-fa*, et met cette mélodie en lien avec le fait que, sur Terre, règnent MIseria (*misère*) et FAmes (*famine*). On peut constater que les hommes de ces temps-là ne se montaient pas la tête. Ils prenaient leur mal en patience et se réjouissaient d'autant plus quand il y avait lieu de le faire.

## LE BONHEUR : UNE IDÉE **NEUVE**

Saint-Just eut raison d'affirmer, à la fin du XVIIIe siècle, que le bonheur était une idée neuve en Europe[1]. Quelques mois plus tard, il eut la tête tranchée (par cette autre nouveauté en Europe qu'était la guillotine), mais sa déclaration demeurait valable. Aujourd'hui, l'Organisation mondiale de la santé (OMS) définit la santé en ces termes : « La santé est un état de complet bien-être physique, mental et social. » Résultat : tout le monde est malade. De même, quand le bonheur sans nuage est considéré comme l'état normal de l'humanité, tout le monde se trouve d'autant plus



[1] Dans son « Rapport présenté à la Convention au nom du Comité de salut public, sur le mode d'exécution du décret contre les ennemis de la Révolution » (13 ventôse an II, 03/03/1794).

malheureux. D'où l'amertume.

En son temps, Tocqueville fut frappé du contraste, chez les Américains, entre le bien-être matériel dont ils jouissaient et l'inquiétude qui les taraudait. Pareil contraste (observable, aujourd'hui, dans tout l'Occident) n'a jamais été mieux expliqué que par lui dans *De la démocratie en Amérique* (1840) : « Quand toutes les prérogatives de naissance et de fortune sont détruites, que toutes les professions sont ouvertes à tous, et qu'on peut parvenir de soi-même au sommet de chacune d'elles, une carrière immense et aisée semble s'ouvrir devant l'ambition des hommes, et ils se figurent volontiers qu'ils sont appelés à de grandes destinées. Mais c'est là une vue erronée que l'expérience corrige tous les jours. Cette même égalité qui permet à chaque citoyen de concevoir de vastes espérances rend tous les citoyens individuellement faibles. Elle limite de tous côtés leurs forces, en même temps qu'elle permet à leurs désirs de s'étendre. [...] Ils ont détruit les privilèges gênants de quelques-uns de leurs semblables ; ils rencontrent la concurrence de tous. La borne a changé de forme plutôt que de place. [...] Cette opposition constante qui règne entre les instincts que fait naître l'égalité et les moyens qu'elle fournit pour les satisfaire tourmente et fatigue les âmes. »

Une telle situation ne peut que s'aggraver au fur et à mesure que l'espace concurrentiel s'étend, par disparition des frontières physiques ou morales qui pouvaient encore le contenir. Sur le plan politique, nous vivons, depuis au moins les lendemains de la Seconde Guerre mondiale, dans un régime d'« alternance unique » entre la « droite de gouvernement » et la « gauche de gouvernement » – la droite plutôt portée sur la libéralisation économique, la gauche sur la libéralisation des mœurs, avec de très larges recoupements et sans jamais de rebroussement. Houellebecq a montré ce qui a résulté, sur le terrain sexuel, de l'abolition des anciennes limites ; non pas des délices pour tous, mais une compétition exacerbée et un contingent énorme de vaincus.

Toujours dans *Extension du domaine de la lutte*, il écrit : « Tout comme le libéralisme économique sans frein, et pour des raisons analogues, le libéralisme sexuel produit des phénomènes de paupérisation absolue. Certains font l'amour tous les jours ; d'autres cinq ou six fois dans leur vie, ou jamais. Certains font l'amour avec des dizaines de femmes ; d'autres avec aucune. C'est ce qu'on appelle la "loi du marché". Dans un système économique où le licenciement est prohibé, chacun réussit plus ou moins à trouver sa place. Dans un système sexuel où l'adultère est prohibé, chacun réussit plus ou moins à trouver son compagnon de lit. En système économique parfaitement libéral, certains accumulent des fortunes considérables ; d'autres croupissent dans le chômage et la misère. En système sexuel parfaitement libéral, certains ont une vie érotique variée et excitante ; d'autres sont réduits à la masturbation et à la solitude. Le libéralisme économique, c'est l'*Extension du domaine de la lutte*, son extension à tous les

**HOUELLEBECQ A MONTRÉ CE QUI A RÉSULTÉ, SUR LE TERRAIN SEXUEL, DE L'ABOLITION DES ANCIENNES LIMITES ; NON PAS DES DÉLICES POUR TOUS, MAIS UNE COMPÉTITION EXACERBÉE ET UN CONTINGENT ÉNORME DE VAINCUS.**

âges de la vie et à toutes les classes de la société. De même, le libéralisme sexuel, c'est l'*Extension du domaine de la lutte*, son extension à tous les âges de la vie et à toutes les classes de la société. »

Une chose est de le dire, une autre est de faire vivre (et mourir) un personnage tel que Raphaël Tisserand, le antihéros d'*Extension du domaine de la lutte*, qui souffre intensément de ne pas plaire aux femmes et de n'avoir aucune vie sexuelle. À cela s'ajoute que pour les vaincus tels que lui, les souffrances de la privation se doublent d'une condamnation interne. Si le surmoi à l'ancienne, porteur d'interdictions, s'est en effet considérablement affaibli, ce n'est pas pour autant que le surmoi en lui-même s'est atrophié ; c'est plutôt qu'il s'est métamorphosé pour devenir, dans une large mesure, une instance qui prescrit de jouir, de s'éclater, et persécute en cas d'échec. Ce qui torture Tisserand est, plus encore que sa disette sexuelle, son manquement à l'impératif de jouir. Ici, l'amertume voisine avec le désespoir.

**LE SURMOI S'EST MÉTAMORPHOSÉ POUR DEVENIR, DANS UNE LARGE MESURE, UNE INSTANCE QUI PRESCRIT DE JOUIR, DE S'ÉCLATER, ET PERSÉCUTE EN CAS D'ÉCHEC.**

## L'**ILLUSION** D'INDÉPENDANCE

Si des extraterrestres observaient les hommes depuis leurs soucoupes, ils auraient remarqué, au cours des derniers siècles, deux grandes mutations touchant l'espèce. La première tient au changement de statut de la technique qui, d'instrument au service des hommes, est devenue instrument de leur évidement. « On m'a vidée comme un poulet », se dit l'Annabelle des *Particules élémentaires*, après qu'on lui a retiré son utérus. L'utérus artificiel se propose, quant à lui, de mettre tout utérus hors circuit. Dorénavant, expliquait déjà en 1955 le prix Nobel de physique allemand Werner Heisenberg, l'un des pères de la physique quantique, « la technique n'apparaît presque plus comme le produit d'efforts conscients humains en vue d'augmenter le pouvoir matériel ; elle apparaît plutôt comme un événement biologique à grande échelle au cours duquel les structures internes de l'organisme humain sont transportées de plus en plus dans le monde environnant l'homme ; c'est donc un processus biologique qui par sa nature même se trouve soustrait au contrôle de l'homme ; car "même si l'homme peut faire ce qu'il veut, il ne peut vouloir ce qu'il veut[2]". »

La seconde mutation concerne les liens entre humains. Conscient que ces liens appartiennent à l'essence même de l'humanité, Auguste Comte écrivait en 1864 dans son *Système de politique positive* : « Tout être devant se former de ses semblables, l'Humanité se décompose, d'abord en Cités, puis en Familles, mais jamais en individus. » Disant cela, il récuse les théories apparues à partir du XVII$^{e}$ siècle, qui conçoivent la société comme rassemblement d'individus primitivement indépendants. Comte a beau avoir raison, dans les mentalités c'est bien la conception individualiste qui s'est imposée. Avec ce paradoxe que c'est à l'époque où tout un chacun n'a jamais été aussi dépendant, dans sa vie ordinaire, de l'activité d'une quantité invraisemblable d'autres êtres humains, que l'illusion d'indépendance est la plus répandue. C'est que le besoin que le chasseur-cueilleur avait du concours des membres de sa tribu, le paysan du concours de ses voisins, était une évidence, quand la dépendance du contem-

[2] Heisenberg Werner, *La Nature dans la physique contemporaine* (1955), trad. par Ugné Karvelis et A. E. Leroy, éd. Gallimard, 1962.

porain à l'égard de millions d'autres peut demeurer ignorée, médiatisée qu'elle est par un gigantesque appareil technologico-économique, monétaire et assurantiel. À la fin de *Sérotonine*, Florent-Claude Labrouste ne sort plus de son logement, un studio situé dans l'une des tours plantées à Paris entre la porte de Choisy et la porte d'Ivry. « En utilisant le vide-ordures d'une part, et de l'autre le nouveau service de livraison de l'alimentaire mis en place par Amazon, je pouvais atteindre à une autonomie presque parfaite. » Bizarre autonomie, qui suppose qu'à l'extérieur, des légions innombrables continuent de s'agiter pour faire fonctionner la machine. Sorte d'autonomie quand même, par contraste avec les anciens aspects communautaires de la vie, évaporés.

## FAMILLES ET **COMMUNAUTÉS**

La famille elle-même n'a pas résisté. Labrouste en fait le constat : « Certains sociologues de peu d'intelligence prétendaient distinguer de nouvelles tribus dans les "familles recomposées", c'était bien possible, mais des familles recomposées pour ma part je n'en avais jamais vu, des familles décomposées oui, je n'avais même à peu près vu que ça, hormis bien entendu les cas d'ailleurs nombreux où le processus de décomposition intervenait déjà au stade du couple, avant la production d'enfants. » Parce que la famille nucléaire a été le dernier foyer de résistance dans un monde qui pulvérise les communautés, beaucoup ont imaginé que la famille constitue la communauté fondamentale, à partir de laquelle les autres s'édifient. Erreur complète : des communautés sont nécessaires pour reconnaître et stabiliser, en leur sein, quelque chose comme des couples et des familles. Par ailleurs, les familles étaient jadis, dans la plupart des cas, ce qu'on appelle en vocabulaire moderne des unités de production ; un paysan n'aurait su exploiter une ferme sans son épouse, et réciproquement. Le travail salarié et l'économie monétaire ont changé la donne, et la vie commune est devenue un choix essentiellement sentimental, en tant que tel révocable à chaque instant. À un journaliste américain du magazine *Forbes*, Macron expliquait ainsi en 2018 sa suppression de l'*exit tax* pour les contribuables qui transfèrent leur domicile à l'étranger, afin d'échapper à l'impôt sur les plus-values réalisées en France : « Je ne veux aucune *exit tax*. Cette taxe n'a aucun sens. Les gens sont libres d'investir là où ils veulent. [...] Si vous voulez vous marier, vous ne devez pas expliquer à votre partenaire que "si tu te maries avec moi, tu ne seras pas libre de divorcer". » Le divorce, donc, est désormais contenu dans la notion même de mariage. Autrefois, imaginer se séparer de son conjoint parce que la vie commune ne donnait pas pleine satisfaction, avait à peu près autant de sens qu'imaginer se couper une jambe parce qu'on a mal au genou. Aujourd'hui, c'est plutôt comme se défaire d'une voiture parce qu'elle est cabossée ou tombe souvent en panne. Dans cette histoire, joue aussi le changement de référentiel évoqué précédemment : considérer que la condition humaine n'est pas idyllique, voilà qui aide à admettre les insatisfactions conjugales ; considérer que l'état normal est un complet bien-être physique, mental et social, invite au contraire à considérer tout malaise comme un scandale ; le scandale invite à chercher des responsables, et le conjoint est le responsable le plus directement sous la main.

Enfin, Houellebecq indique ce que les modes de vie modernes ont de ruineux pour les capacités d'attachement.

Dans *Extension du domaine de la lutte*, il écrit : « Phénomène rare, artificiel et tardif, l'amour ne peut s'épanouir que dans des conditions mentales spéciales, rarement réunies, en tous points opposées à la liberté de mœurs qui caractérise l'époque moderne. Véronique avait connu trop de discothèques et d'amants ; un tel mode de vie appauvrit l'être humain, lui infligeant des dommages parfois graves et toujours irréversibles. L'amour comme innocence et comme capacité d'illusion, comme aptitude à résumer l'ensemble de l'autre sexe à un seul être aimé, résiste rarement à une année de vagabondage sexuel, jamais à deux. En réalité, les expériences sexuelles successives accumulées au cours de l'adolescence minent et détruisent rapidement toute possibilité de projection d'ordre sentimental et romanesque ; progressivement, et en fait assez vite, on devient aussi capable d'amour qu'un vieux torchon. Et on mène ensuite, évidemment, une vie de torchon. »

## UNE VIE **AMÈRE**, CELA VA SANS DIRE

Quoi qu'on fasse, une vie humaine est confrontée à de l'insupportable. La ressource fondamentale pour y faire face est de reconnaître que cet insupportable n'est pas une malédiction personnelle, mais une condition partagée ; dans la tourmente, de s'aimer. Aimer non de façon indistincte, sur le mode humanitaire, mais concrètement, une personne. Houellebecq cite ce passage de *L'Adolescent* de Dostoïevski (1875) : « Quant à faire obligatoirement le bonheur d'au moins une créature au cours de sa vie, mais de le faire pratiquement, c'est-à-dire effectivement, je l'érigerais en commandement pour tout homme cultivé, exactement comme je pourrais faire une obligation à tout paysan de planter au moins un arbre dans sa vie, étant donné le déboisement de la Russie. » Dans le *bilan de compétences* de l'Occidental tardif, cependant, la faculté de faire, au cours de sa vie, le bonheur d'un autre être, ne figure pas – pour le malheur, finalement, de *toussétoutes*.

## L'UN ET/EST/HAIT L'**AUTRE**

Aux raisons déjà données, qui rendent les hommes et les femmes de moins en moins capables de partager une vie, il faut en ajouter une supplémentaire : le déni de la différence entre homme et femme. En 1982, dans *Le Genre vernaculaire* (éd. du Seuil), Ivan Illich en était venu, au fil de ses réflexions, à considérer que « la caractéristique anthropologique décisive qui distingue notre temps de tous les autres » est l'arasement de la différence entre homme et femme. C'est au XVIII^e^ siècle que s'amorce le passage de ce qu'Illich appelle un monde « genré », peuplé d'hommes et de femmes, à un monde « sexué », peuplé d'êtres humains, secondairement masculins ou féminins. Un temps, la transformation est demeurée masquée par une distribution assez rigide des rôles entre êtres humains masculins et êtres humains féminins. Cependant, des différences qui semblaient aller de soi entre hommes et femmes deviennent fatalement arbitraires entre êtres masculins ou féminins et, à ce titre, sont destinées à être abolies. « Le monde qui s'organise selon la différence des sexes est celui dont nous ne voulons plus », résume Élisabeth Badinter lors d'une conférence organisée par *Le Monde* en 2019. Les implications sont immenses.

**C'EST AU XVIII^E^ SIÈCLE QUE S'AMORCE LE PASSAGE DE CE QU'ILLICH APPELLE UN MONDE « GENRÉ », PEUPLÉ D'HOMMES ET DE FEMMES, À UN MONDE « SEXUÉ », PEUPLÉ D'ÊTRES HUMAINS, SECONDAIREMENT MASCULINS OU FÉMININS.**

N'en retenons que ce qui touche la vie conjugale. Par le passé, les différences, constatées et instituées, tempéraient les reproches.

En 1979, le sociologue américain Christopher Lasch écrit dans *La Culture du narcissisme* (éd. Flammarion) : « Hommes et femmes reconnaissaient leurs défauts réciproques, sans que cela tourne à un réquisitoire global. [...] Un mépris quotidien et débonnaire pour les faiblesses de l'autre sexe, relevant de la sagesse populaire – incompétence affective chez l'homme, ou manque de rationalité chez la femme –, mettait des bornes au conflit entre les sexes et l'empêchait de tourner à l'obsession. » En revanche, la *déconstruction* rageuse de tous les *stéréotypes* n'ouvre pas sur une ère d'harmonie, mais sur une extension sans limites du domaine des conflits. « Hommes et femmes ont des exigences extravagantes les uns envers les autres, et la rage et la haine s'emparent d'eux quand ces exigences ne sont pas satisfaites. » De *L'Un est l'Autre*, titre d'un livre d'Élisabeth Badinter, on passe facilement à l'un hait l'autre. Restent, en guise de lien, le harcèlement, les griefs, les procès.

Pourquoi cela aurait pu « marcher » entre Camille et Florent-Claude, dans *Sérotonine* :

« Je m'attendais évidemment à ce que la maison de Clécy plaise à Camille, j'étais pourvu d'un sens esthétique rudimentaire, enfin j'étais capable de me rendre compte qu'il s'agissait d'une jolie maison ; je n'avais par contre pas anticipé qu'elle en ferait aussi vite sa maison, qu'elle aurait dès les premiers jours des idées de décoration et d'aménagement, qu'elle souhaiterait acheter quelques tissus, déplacer quelques meubles, enfin qu'elle se comporterait aussi vite en femme – au sens pré-féministe du terme – alors qu'elle n'avait que dix-neuf ans. »

Pourquoi cela « marche » entre Cécile et Hervé, dans *Anéantir* :

« À vrai dire elle se doutait un peu, depuis quelques années, qu'Hervé avait recommencé à fréquenter des gens douteux, à la limite de la légalité ; mais elle avait gardé le silence, elle avait préféré ne pas aborder la question, elle savait que les hommes traditionnels – ce qu'était Hervé, au plus haut degré – avaient parfois besoin de revenir à ce genre de choses, qu'il n'était pas possible, et peut-être pas souhaitable, de les domestiquer entièrement. »

**L'INCAPACITÉ CROISSANTE D'UN HOMME ET D'UNE FEMME À VIVRE DURABLEMENT ENSEMBLE APPARAÎT, DANS LES ROMANS DE HOUELLEBECQ, COMME LE SIGNE LE PLUS PATENT D'UNE CIVILISATION DÉCADENTE ET CONDAMNÉE.**

## VARIATIONS SUR UNE **IMPASSE**

L'incapacité croissante d'un homme et d'une femme à vivre durablement ensemble apparaît, dans les romans de Houellebecq, comme le signe le plus patent d'une civilisation décadente et condamnée. Michel Houellebecq écrit dans *Les Particules élémentaires* : « L'histoire humaine, du XVe au XXe siècle de notre ère, peut essentiellement se caractériser comme étant celle d'une dissolution et d'une désagrégation progressives » – « une dislocation psychologique, ontologique et sociale ». Le bonheur est une idée périmée en Europe.

Puis dans *Sérotonine* : « Claire avait eu sa part de mélodrame, elle avait connu des années agitées, sans véritablement s'approcher du bonheur – mais cela, qui le peut ? pensait-elle. Plus personne ne sera heureux en Occident, pensait-elle encore, plus jamais, nous devons aujourd'hui considérer le bonheur comme une rêverie ancienne, les conditions historiques n'en sont tout simplement plus réunies. […] le troisième millénaire venait de commencer, et c'était peut-être, pour l'Occident antérieurement qualifié de judéo-chrétien, le millénaire de trop, dans le même sens qu'on parle pour les boxeurs du combat de trop, l'idée en tout cas s'en était largement répandue, dans l'Occident antérieurement qualifié de judéo-chrétien. »

Les personnages de Houellebecq, dès lors, finissent en piètre état. Hölderlin, contrarié dans sa relation avec Susette Gontard, avait bien imaginé une autre voie de salut que l'amour : être un avec le tout. « Être un avec tout ce qui vit, dans un saint oubli de soi, retourner au sein de la totalité de la nature, voilà le sommet des idées et de la joie, voilà les saintes âmes, le lieu du repos éternel où la chaleur de midi n'accable plus et où l'orage perd sa voix, où le tumulte de la mer ressemble au bruissement du vent dans les champs de blé. » Malheureusement, la science moderne est passée par là, qui a détruit toute connivence entre l'homme et la nature. « Hélas, j'ai appris à me différencier de tout ce qui m'environne, je suis isolé au sein du monde si beau, je suis exclu du jardin de la nature où je croîs, fleuris et dessèche au soleil de midi[3] » De même, à la toute fin d'*Extension*, le « héros » qui, après la faillite amoureuse, espérait encore, dans une forêt de l'Ardèche, réussir à fusionner avec la nature, doit constater son échec. « Je suis au centre du gouffre. Je ressens ma peau comme une frontière, et le monde extérieur comme un écrasement. L'impression de séparation est totale ; je suis désormais prisonnier de moi-même. Elle n'aura pas lieu, la fusion sublime ; le but de la vie est manqué. Il est deux heures de l'après-midi. »

Curieuse, cette mention finale de l'heure. On songe au poème de Rimbaud qui, commençant par « J'ai embrassé l'aube d'été », se termine par « Au réveil il était midi ». Dans *Aube*, ce midi final a de multiples connotations, dont celle-ci : par analogie avec la position verticale de l'aiguille de l'horloge au milieu du jour, midi évoque l'érection carabinée de qui s'éveille après avoir, en rêve, levé « un à un les voiles », « senti un peu son immense corps ». Certains reprochent à Houellebecq d'être exagérément négatif ; mais deux heures de l'après-midi, ce n'est pas six heures ! On se dit qu'un petit coup de langue, et ça pourrait repartir. Du reste, dans l'ultime scène de l'adaptation cinématographique du roman, le personnage entreprend de s'initier à la danse de salon.

## LA LIBERTÉ INDIVIDUELLE ET SES **ILLUSIONS**

À la fin de *Sérotonine*, l'horizon semble cette fois complètement bouché. Labrouste a calculé que lorsqu'il se jettera par la fenêtre de son studio, les 100 mètres qui le séparent du trottoir seront parcourus en moins de cinq secondes. Ce qui a provoqué la séparation d'avec Camille, dont il ne s'est jamais remis, est sa liaison avec Tam, une « petite black » de la délégation anglaise, rencontrée lors d'un déplacement à Bruxelles pour des discussions sur le budget agricole européen. Pourquoi un échec aussi complet, alors que Camille et lui étaient faits l'un pour l'autre ? Houellebecq écrit : « Avons-nous cédé à des illusions de liberté individuelle, de vie ouverte, d'infini des possibles ? Cela se peut, ces idées étaient dans l'esprit du temps ; nous ne les avons pas formalisées, nous n'en avions pas le goût ; nous nous sommes contentés de nous y conformer, de nous laisser détruire par elles ; et puis, très longuement, d'en souffrir. » Si « l'esprit du temps » a sa part de responsabilité, il n'est pas le seul à incriminer. Il faudrait aussi tenir compte des conditions pratiques de l'existence. Une existence où il y a des « déplacements à Bruxelles » (Bruxelles, capitale de l'Union européenne, est en quelque sorte le symbole de la délocalisation des existences, en plus d'être le symbole de la déseuropéanisation de l'Europe) ; une existence où, également, des Tam sont souvent de passage à Paris. En bref, un monde où il y a du lointain, qui invite aux débordements, mais du lointain pas lointain, qui déborde sur le proche. Autrement dit, il n'y a pas que les « illusions de liberté individuelle, de vie ouverte, d'infini des possibles » ; il y a aussi l'Eurostar et le Thalys.

Là où l'esprit du temps joue un rôle déterminant, c'est moins dans la conduite de Labrouste que dans la réaction qu'elle suscite chez Camille. Au lieu d'attribuer l'infidélité de son compagnon à une faiblesse masculine, elle y voit l'adhésion à un idéal de « liberté individuelle, de vie ouverte,

[3] Hölderlin Friedrich, *Hypérion* (1797), I, 1, 2e lettre d'Hypérion à Bellarmin.

d'infini des possibles », totalement contradictoire avec ce à quoi elle aspire. Aussi, pour elle, l'écart n'est-il pas un écart, mais la révélation d'un abîme infranchissable.

## **ANÉANTIR** LE MONDE

Dans *Encyclopédie des sciences philosophiques*, Hegel cite trois instances à même d'arracher le singulier à sa singularité : la sexualité, la maladie, la mort. Soit exactement les trois thèmes centraux d'*Anéantir*. Preuve, s'il en fallait, que Houellebecq ne déconne pas – au sens littéral comme au sens de Hegel. Il se trouve que dans *Anéantir*, trois attentats sont évoqués – le premier contre un porte-conteneurs chinois, le deuxième contre une banque de sperme danoise, le troisième contre un bateau de migrants au large des Baléares. « Si l'objectif des terroristes était d'anéantir le monde tel qu'il le connaissait, d'anéantir le monde moderne, il ne pouvait pas leur donner tout à fait tort », écrit Houellebecq au sujet de son héros Paul.

Au bout de l'impasse occidentale, l'anéantissement pur et simple est-il donc la seule perspective ? Dans d'autres romans, diverses échappatoires sont envisagées.

Dans *Plateforme*, un tourisme sexuel organisé à grande échelle semble de nature à sortir à la fois le Nord de sa dépression et le Sud de sa misère. Du *win-win* s'il en est. Hélas, le terrorisme islamiste vient ruiner l'entreprise.

Dans *Soumission*, l'islam, d'obstacle, devient bouée de sauvetage pour un Occident exsangue.

Dans *Les Particules élémentaires*, la solution imaginée est plus radicale : « L'humanité devait disparaître ; l'humanité devait donner naissance à une nouvelle espèce, asexuée et immortelle, ayant dépassé l'individualité, la séparation et le devenir[4]. » Cela sera redit dans *Plateforme* : « L'homme n'est décidément pas fait pour le bonheur. Pour accéder réellement à la possibilité pratique du bonheur, l'homme devrait sans doute se transformer – se transformer physiquement[5]. »

Dans *La Possibilité d'une île*, changer l'espèce se révélant plus compliqué que prévu, les néo-humains se résolvent, en attendant l'immortalité, à se reproduire par clonage.

Plusieurs choses sont à noter. La première est que les futurs envisagés, dans leur multiplicité même, se présentent comme des expériences de pensée, non comme des prévisions. Houellebecq le dit lui-même : « Je constate, et puis après je fais des projections, qui ne sont pas des prophéties. » La deuxième remarque tient à l'ambiguïté de la position de Houellebecq à l'égard de ces projections. « Quand Orwell écrit *1984* en 1948 en Angleterre, il ne dit pas du tout que c'est ce qui va arriver. Il veut exprimer une peur qui est dans l'inconscient des Britanniques de son époque. [...] L'écrivain – moi, Orwell ou un autre – sent une angoisse chez ses contemporains et il l'exprime dans un livre[6]. » À ce titre, les futurs considérés feraient figure de repoussoirs. Cependant, Houellebecq lui-même semble envisager une modification technologique de l'espèce avec faveur. Dans la postface à la traduction française du SCUM *Manifesto*, écrit dans les années 1960 par Valerie Solanas, il loue chez cette féministe américaine « le courage de maintenir une attitude progressiste et raisonnée, conforme aux plus nobles aspirations du projet occidental : établir un contrôle technologique absolu de l'homme sur la nature, y compris sa nature biologique et son évolution. Cela dans le but à long terme de reconstruire une nouvelle nature sur des bases conformes à la loi morale, c'est-à-dire d'établir le règne universel de l'amour, point final[7] ». Dans les années post-Dolly, où le clonage humain paraissait imminent, Houellebecq déclarait aussi son intention de se faire cloner dès que



[4] *Les Particules élémentaires*, *op. cit.*, p. 385.

[5] *Plateforme*, éd. Flammarion, 2001, p. 169.

[6] Entretien avec Marin de Viry et Valérie Toranian, *Revue des deux mondes*, juillet 2015.

[7] « L'humanité, second stade » (1998), *in Interventions 2020*, éd. Flammarion, p. 172. SCUM est l'acronyme de *Society for Cutting Up Men* (Société pour anéantir/châtrer les hommes).

la possibilité en serait offerte sur le marché, dût-il pour cela se rendre aux Bahamas ou dans une contrée de ce genre à la législation accommodante.

D'un autre côté, il ne semble pas non plus persuadé que le salut se trouve de ce côté. À la fin de *La Possibilité d'une île*, Daniel 25 préfère, à l'exemple de Marie 23, abandonner sa demeure confortable et solitaire où, depuis plus d'un millénaire, les clones de Daniel 1 se succèdent, pour errer dans un monde désolé. Par ailleurs, pour que le monde imaginé par Michel Djerzinski dans *Les Particules élémentaires*, par Slotan Miskiewicz dans *La Possibilité d'une île*, ait une chance d'advenir, il faudrait que l'avenir continue d'abriter des scientifiques de haute volée. Or, rien n'est moins sûr. En même temps que nous vivons dans un environnement de plus en plus technologisé, les compétences mathématiques qui ont permis à cet environnement technologique de se constituer et de se perpétuer régressent. Houellebecq en est conscient. Dans *Anéantir*, la DGSI fait appel, au cours de son enquête sur les attentats, à un certain Delano Durand, ancien hacker, censé éclairer par sa vision « jeune » les fonctionnaires *old school* un peu dépassés. La première chose que relève Durand, c'est que les trois points de la carte où les attentats ont eu lieu peuvent être reliés par un cercle. Le commissaire Martin-Renaud, la cinquantaine, s'étonne : « "Ce n'est pas toujours le cas ?" Durand le considéra avec stupéfaction, abasourdi par une telle ignorance. " Non, naturellement non, dit-il finalement. Par deux points quelconques, on peut toujours faire passer un cercle ; mais ce n'est en général pas le cas des ensembles de trois points : une petite minorité seulement peut figurer sur la circonférence d'un même cercle, doté d'un centre défini[8]." »

**DANS LES ANNÉES POST-DOLLY, OÙ LE CLONAGE HUMAIN PARAISSAIT IMMINENT, HOUELLEBECQ DÉCLARAIT AUSSI SON INTENTION DE SE FAIRE CLONER DÈS QUE LA POSSIBILITÉ EN SERAIT OFFERTE SUR LE MARCHÉ.**

## « CES **CONS** DE TECHNOCRATES »

C'est évidemment l'inverse qui est vrai : par trois points distincts passe toujours un cercle, excepté dans le cas très particulier où les trois points sont alignés – et par trois points distincts de la surface terrestre, assimilée à une sphère, passe toujours un cercle, intersection du plan défini par les trois points et la sphère. Cette propriété, connue depuis la lointaine Antiquité, et enseignée des siècles durant dans les collèges, Martin-Renaud l'avait plus ou moins en mémoire. Mais, quinquagénaire penaud, il bat en retraite devant l'assurance du jeune Durand, aussi ignorant soit celui-ci en vérité. Avec des branques à la Delano Durand, aussi limité que son nom est absurde et son survêtement hideux, pour l'entretenir, une civilisation technologique ne peut que se déglinguer. Hacker est une chose, théoriser et concevoir en est une autre.

À cela, il faudrait encore ajouter ce dont Houellebecq ne parle pas, mais va s'imposer chaque jour davantage – à savoir la ruine de la terre. Pierre Fournier, il y a exactement un demi-siècle, voyait la chose venir : « Pendant qu'on nous amuse avec des guerres et des révolutions qui s'engendrent les unes les autres en répétant toujours les mêmes choses, l'homme est en train, à force d'exploitation technologique incontrôlée, de rendre la terre inhabitable,

[8] *Anéantir*, op. cit, V, 9.

non seulement pour lui, mais pour toutes les formes de vie supérieures qui s'étaient jusqu'alors accommodées de sa présence. Le paradis concentrationnaire qui s'esquisse et que nous promettent ces cons de technocrates ne verra jamais le jour parce que leur ignorance et leur mépris des contingences biologiques le tueront dans l'œuf. La seule vraie question qui se pose n'est pas de savoir s'il sera supportable une fois né, mais si, oui ou non, son avortement provoquera notre mort[9]. »

De même, l'immortalité que ces cons de transhumanistes nous promettent ne sera jamais atteinte, ne serait-ce que parce qu'au fur et à mesure qu'ils font avancer leur programme, les conditions matérielles et intellectuelles de sa réalisation se trouvent détruites. Dans *La Possibilité d'une île*, l'humanité s'est scindée entre d'un côté des lignées de clones sous assistance technologique, de l'autre une infra-humanité dont la principale caractéristique, par rapport aux autres groupes de primates, est une violence extrême. Quant à ce qui nous attend effectivement, on peut conjecturer une combinaison de chaos et d'autoritarisme – l'autoritarisme tirant sa force du chaos : « En achevant de saper toutes les bases matérielles, et pas seulement matérielles, sur lesquelles elle reposait, la société industrielle crée des conditions d'insécurité, de précarité de tout, tel que seul un surcroît d'organisation, c'est-à-dire d'asservissement à la machine sociale, peut encore faire passer cet agrégat de terrifiantes incertitudes pour un monde vivable[10]. »

Mais n'anticipons pas. Signalons plutôt, pour terminer, une autre façon d'échapper à l'anéantissement que celles déjà mentionnées. Dans *Sérotonine*, le narrateur raconte sa vie, plus exactement le ratage d'icelle. Comme tout être humain, il ne peut savoir, à propos de l'existence des autres, que ce qu'il lui a été donné d'apprendre au cours de sa propre existence. Une exception, pourtant, à cela : la description qu'il donne de la façon dont Camille a conçu son fils, avec un étudiant en école de commerce, au festival des Vieilles Charrues. Au moment où ce récit intervient, on peut encore penser que Labrouste, dans le futur, renouera contact avec Camille, qui lui donnera ces renseignements sur l'épisode en question. Mais non. Labrouste et Camille ne sont plus destinés à se rencontrer, à se parler. Alors quoi ? Comment sait-il ? Voici mon idée. À la fin des *Frères Karamazov*, un garçon de 9 ans, Ilioucha, est mort. Le jeune Kolia demande à Aliocha Karamazov : « Est-ce que c'est vraiment vrai, ce qu'elle dit, la religion, que nous nous lèverons tous d'entre les morts, et nous ressusciterons, et nous nous reverrons, et nous tous, et Iliouchetchka ? » Aliocha confirme : « Nous nous lèverons, absolument, absolument nous nous verrons, et nous nous raconterons, joyeux, heureux, tout ce qui se sera passé. » Rien de tel n'est certes affirmé dans *Sérotonine*. Reste que le bref accès du narrateur, au cours de son récit, à une connaissance qui excède ce qu'il peut savoir de Camille en ce monde, ouvre une brèche – une toute petite brèche, mais une brèche quand même – dans la désolation. Cette petite brèche qui, cela étant, n'est peut-être rien d'autre que le pouvoir de la littérature. ◆

**L'HOMME EST EN TRAIN DE RENDRE LA TERRE INHABITABLE, NON SEULEMENT POUR LUI, MAIS POUR TOUTES LES FORMES DE VIE SUPÉRIEURES QUI S'ÉTAIENT JUSQU'ALORS ACCOMMODÉES DE SA PRÉSENCE.**



[9] Fournier Pierre, *La Gueule ouverte*, n°1, novembre 1972, « Premier et dernier éditorial ».

[10] Riesel René, Semprun Jaime, *Catastrophisme, administration du désastre et soumission durable*, éd. de L'Encyclopédie des nuisances, 2008, p. 22.

MŒURS

# MAI 68 A-T-IL RENDU LA SEXUALITÉ PLUS HEUREUSE ?

PAR
RENAUD CAMUS

**Si Renaud Camus occupe une place de choix dans le présent hors-série, c'est d'abord au titre du « grand remplacement », expression (controversée) dont il est l'inventeur, et que Michel Onfray et Michel Houellebecq ont tenue à commenter. Seulement, il serait injuste de réduire cet écrivain maudit à la seule question du sujet migratoire. L'auteur de *Tricks*, livre incontournable sur l'homosexualité (sorti en 1979 aux éditions Mazarine) a bien d'autres choses à nous dire. Nous lui avons demandé de se pencher sur un sujet très présent dans l'œuvre de Michel Houellebecq : Mai 68 a-t-il rendu la sexualité plus heureuse ?**

Mai 68 a-t-il rendu la sexualité plus heureuse ? demandez-vous. La mienne, en tout cas, certainement. Et cela sur les barricades, ou juste en dessous. À l'époque, c'était à peu près tout le mérite que je trouvais au mouvement, mais il était immense. Pour le reste, je suis de ceux qui passèrent des barrières de pavés à la manif gaullo-malrucienne du 31 mai, et retour. Je voulais bien changer le monde, mais pas au profit de la SFIO et de Waldeck-Rochet. Si c'était pour le remplacer par Gaston Defferre, autant garder le Général.

*Plus heureuse*, maintenant, c'est peut-être beaucoup dire, mais plus drôle, certainement, plus joyeuse, sur le moment, et surtout beaucoup plus active. Cependant, on dit « Mai 68 » – c'est une date de convention, utile, mais dont les vibrations, comme celles de 1789, se font sentir trente ans avant elle, et trente après. On dit : « libération sexuelle » bien sûr : cependant, je puis témoigner qu'à la belle saison de 1967, pour ne pas remonter trop loin, les jardins du quai Branly, à deux pas de la tour Eiffel, à Paris, étaient toutes les nuits le théâtre d'orgies homosexuelles plus enlevées et plus gaies que tout ce que j'ai pu observer par la suite, je crois bien, centaines de corps demi-nus courant d'un buisson à l'autre sur le gazon, sous la lune amusée. La police devait l'être aussi, elle intervenait peu. On disait le préfet de police naturellement porté au laisser-faire. C'est presque à croire que 68 n'a fait qu'entériner, dans ce domaine, des situations bien antérieures, qui le rendaient inévitable. L'époque a créé Mai autant que Mai l'époque.

## LA **PILULE,** SI DISCRÈTE

Le plaisant, avec la sociologie honnête et puérile, c'est qu'on peut y entrer de n'importe quel côté, comme dans la culture. Elles ressemblent à ces bâtiments modernes qui se croiraient déshonorés si leur principal accès était évident, comme celui des antiques palais du patriarcat – les palais de justice, par exemple. Pour ma part, j'aurais tendance à choisir comme entrée la pilule. Elle est si discrète qu'elle se voit à peine. Toutes les années 60 l'installent dans la réalité du monde, pourtant. En France, c'est en 1967 que la loi Neuwirth la dépénalise. Cette date est aussi importante que celle de la loi Veil autorisant l'avortement, 1976. D'ailleurs, la seconde n'aurait jamais été possible sans la première, ni nécessaire.

L'enchaînement est un peu paradoxal ici, et doit être observé avec attention, d'autant qu'il y a dans ses rouages du jeu, qui toutefois n'en infirme pas la fatalité. Si les femmes, mariées ou pas, peuvent avoir des relations sexuelles hors mariage sans risque d'enfanter, leur comportement amoureux ne constitue plus une menace pour la lignée, l'héritage, le nom, la transmission, l'inscription verticale dans le temps. Or, cette menace était la raison principale du fossé qui séparait depuis toujours la sexualité masculine, assez libre, au moins par comparaison, de la sexualité féminine, étroitement soumise à la nécessité que les enfants des hommes soient bien leurs enfants *à eux*, et pas ceux d'autres hommes. Dès lors que cette nécessité peut être satisfaite d'une autre manière, il n'y a plus les mêmes raisons de tenir les femmes en tutelle : elles sont libres, plus ou moins. Cependant, si elles sont libres, il leur faut les moyens de leur liberté. Ces moyens sont indissolublement économiques et juridiques. Pour que les femmes soient libres, il faut qu'elles disposent de revenus indépendants, donc qu'elles puissent hériter et gérer leur argent, même quand elles sont mariées. En 1964, les épouses obtiennent le droit d'avoir leur propre compte en banque. Mais surtout, si elles veulent être libres, les femmes doivent travailler.

**LE DOGME DE L'INEXISTENCE DES RACES, AUQUEL VA BIENTÔT SE LIMITER, OU PEU S'EN FAUT, COMME À SON INSÉCABLE ULTIME, LA TRANSMISSION SCOLAIRE, EST PROCLAMÉ URBI ET ORBI VERS LE MILIEU DES ANNÉES 70.**

Les mêmes qui se demandent si c'est bien un progrès que les femmes soient massivement entrées dans la vie professionnelle s'interrogent sur le point de savoir si l'humanité et elles-mêmes ont gagné à leur militarisation, ou à leur participation croissante à des jeux ou des sports, *football, boxe, judo, lancer de poids,* etc. jadis réservés presque exclusivement à l'autre sexe. Ceux-là pourraient aussi se demander, dans leur élan, si cette évolution reflète bien les vœux du sexe féminin, si elle est conforme à son intérêt ou s'il s'agit plutôt d'un aspect parmi d'autres de la marche forcée à l'indifférenciation générale telle qu'elle est imposée de toute part par les exigences industrielles et commerciales de l'interchangeabilité universelle, et spécialement du produit phare de l'industrialisation en ses phases ultimes, l'homme – *et la femme*, bien entendu, *et la femme*, mais justement : il est essentiel que l'un et l'autre soient confondus aussi étroitement que possible au sein de la Matière humaine indifférenciée (MHI), liquéfiée, comme l'a bien observé le sociologue britannique d'origine polonaise Zygmunt Bauman, en vue de son éventuelle liquidation – faut-il rappeler que le même Bauman voit l'univers concentrationnaire et génocidaire comme une phase, la plus noire évidemment, de la révolution industrielle, sans solution de continuité avec le reste[1] ?

## PETITE **BOURGEOISIE** UNIVERSELLE

Le dogme de l'Inexistence des races, auquel va bientôt se limiter, ou peu s'en faut, comme à son insécable ultime, la transmission scolaire, est proclamé urbi et orbi vers le milieu des années 70. Il est à peu près exactement contemporain de l'instauration en France – loi Haby, 1975 –, du collège unique, qui consacre l'objectif implicite d'abolition des classes, lesquelles pourront subsister vaguement comme de pures strates économiques, de plus en plus dépourvues de consistance culturelle et sociale, même s'il est de bon ton de prétendre que les inégalités entre elles vont s'aggravant, ce qui n'est qu'une façon d'appeler à leur fusion toujours plus étroite en la petite bourgeoisie universelle, très justement décrite par Giorgio Agamben comme étant « vraisemblablement la forme

[1]Bauman Zygmunt, *Liquid Modernity* (éd. Polity, 2000), *Liquid Times* (éd. Polity, 2007), *Modernity and the Holocaust* (éd. Polity, 1991).

sous laquelle l'humanité est en train d'avancer vers sa propre destruction[4] ». Restent les sexes, dont l'éradication paraît être aujourd'hui, avec le parachèvement des changements de peuple, le chantier principal du remplacisme global davocratique et de ses industries de l'homme. Énormes contradictions ici, et d'abord au sein du nouveau pacte germano-soviétique, la provisoire alliance d'intérêts, chacun espérant pouvoir duper l'autre, entre les deux totalitarismes majeurs, le remplacisme global davocratique d'une part, l'islamisme de l'autre : le premier, Davos, remplace, au bénéfice du second des peuples soigneusement préparés par l'École à être remplacés par des peuples farouchement identitaires ; et des peuples très disposés à la fusion des sexes par des peuples qui n'y songent même pas et qui y sont farouchement hostiles quand ils y songent – on ne voit guère, comme contradictions rivales et complémentaires, que celles des écologistes, qui encouragent par leur immigrationnisme une croissance démographique qui est précisément ce qu'il peut y avoir de plus fatal pour une planète dont ils prétendent se soucier si fort ; et qui, du même geste, œuvrent inlassablement à l'écrasement de la biodiversité humaine, alors qu'ils affirment si précieuses, à juste titre, la biodiversité animale et la biodiversité végétale.

**RESTENT LES SEXES, DONT L'ÉRADICATION PARAÎT ÊTRE AUJOURD'HUI, AVEC LE PARACHÈVEMENT DES CHANGEMENTS DE PEUPLE, LE CHANTIER PRINCIPAL DU REMPLACISME GLOBAL DAVOCRATIQUE ET DE SES INDUSTRIES DE L'HOMME.**

## L'**ENNEMI** SUPRÊME

Naturellement, c'est l'égalité qui préside à toutes ces évolutions et leur sert de superstructure idéologique, y compris dans ses exigences les plus absurdes : égalité entre les races qui n'existent pas ; entre les classes, qui existent de moins de moins et ne sont plus guère qu'économiques ; entre les sexes qui, eux aussi, existent de moins en moins, mais sont de plus en plus nombreux et indistincts ; entre les âges, enfin, pratiquement réduits à deux, l'enfance et l'âge adulte, même si le second a tendance, grande déculturation, gnangnisme et hébétude aidant, à s'aligner sur le premier en l'infantilisation de masse. L'ennemi suprême est la discrimination, dont j'imagine qu'il est inutile de souligner une fois de plus qu'elle a été des siècles durant la qualité intellectuelle et l'une des qualités morales les plus prisées, et qu'elle est devenue le crime entre les crimes.

La fusion de tout vers son milieu, sur le modèle des classes vers la petite bourgeoisie universelle, des races vers le métissage général ou de sexes vers la transsexualité, le tout s'avançant du même pas rapide, ou plutôt du même engrenage de machine vers la production industrielle toujours plus intense de la MHI, ne pouvait pas être sans conséquences sur la sexualité, à laquelle on peut présumer sans trop de risque d'erreur que la croissante indifférenciation du monde, son *indiscrimination*, c'est-à-dire le triomphe de l'idéologie du Même, n'est pas forcément favorable. Les hommes sont priés de n'être pas trop hommes, les femmes de n'être pas trop femmes, les Blancs de n'être pas trop blancs, etc.

Cet etc. est un peu d'opportunité

FP
HORS SÉRIE N°3

[4] Giorgio Agamben, La Comunità che viene (éd. Einaudi, 1990).

et de prudence, on le pressent, toutes les catégories, races, classes, sexes, etc. (bis), n'étant pas également invitées au désêtre. Hors physique des fluides, il n'est guère que dans le droit que l'égalité soit un état stable : la loi peut poser, et souvent très légitimement, des égalités devant elle, mais dans lesdites *sciences humaines*, et dans la réalité des choses, l'égalité, sauf pur hasard, n'est en général qu'un palier, un bref moment de bascule entre deux inégalités contraires et symétriques, en miroir : ainsi le renversement du patriarcat, cette inégalité majeure entre les sexes, invite-t-il à se demander, au moins, s'il n'est pas une simple phase de transition vers l'établissement du matriarcat ; et dans la mesure où la laïcité est la forme que revêt l'égalité dans les affaires de religion, la question se pose de savoir si, longtemps machine de guerre contre l'inégalité en faveur du catholicisme en France, elle ne s'est pas renversée en plus sûr instrument d'installation de l'islamisme en sa place et fonction – comme si l'État ne s'était séparé de l'Église que pour mieux épouser la mosquée, un siècle plus tard.

## ÉCONOMIE DU **COUPLE**

Une inégalité persistante et très peu désirable pourtant, au moins pour ses victimes, qui sont plutôt plus nombreuses que ses bénéficiaires, est extrêmement présente dans l'œuvre de Michel Houellebecq, au point d'en constituer l'un des aspects majeurs et, de par la profondeur tragique de l'exploration qu'il en offre, une de ses plus grandes forces, car le thème est peu traité ailleurs alors qu'il est d'un poids gigantesque sur les destinées, presque égal à celui des inégalités sociales, qu'il contrebalance parfois, Dieu merci, mais qu'il corrobore souvent : je veux parler des inégalités *sexuelles* – non pas des inégalités *entre les sexes*, mais des inégalités au sein de chacun, ce qu'on pourrait appeler, en paraphrasant Pierre Bourdieu, le *capital sexuel*. Aujourd'hui comme hier ces inégalités-là, vertigineuses, sont beaucoup moins combattues par l'exigence d'égalité, particulièrement inopérante en ces matières, que par l'assez nombreuse cohorte des inégalités en sens contraire, quand elles veulent bien l'être : fortune contre beauté, intelligence contre *sexyté*, prestige social contre jeunesse, gloire contre charme ou fraîcheur. À peine y a-t-il couple, ou, à défaut, accouplement, pour une demi-heure ou pour une vie, c'est qu'il y a eu égalité, ou *égalisation* : soit par une somme d'égalités partielles (âge, attractivité physique, milieu social, niveau d'intelligence, degré de culture, etc.), soit par une somme d'inégalités se compensant plus ou moins. L'argent, par son abstraction, est évidemment le grand compensateur, qu'il s'agisse d'union conjugale ou de simple passade sexuelle. Mais même dans les cas où il n'intervient pas, et qui demeurent de loin les plus nombreux, j'espère, rien n'est plus intéressant que d'observer, dans les couples, les mécanismes compensatoires qui ont abouti à eux, et dont la somme est nécessairement constante, puisque couple il y a : c'est ce que j'appelle l'*économie du couple* – par quoi je ne veux nullement signifier, il va sans dire, le budget du ménage.

*Plus heureuse, moins heureuse ?* Là aussi, on ne peut faire état que d'inégalités en sens contraire, en espérant qu'elles se compensent peu ou prou. Comment ne pas reconnaître que ladite « liberté sexuelle », traditionnellement associée à Mai 68 au sens large, et certainement très appréciable en soi, notamment pour les homosexuels, s'est vue sanctionnée après dix ou quinze ans d'existence à peine, par le sida, qui a pris des centaines de milliers de vies et gâché des millions d'autres ? Toutefois, les arrangements antérieurs, et notamment la sexualité de maison close, qui avait été pour ainsi dire la norme à l'ère bourgeoise, en particulier au XIX$^{e}$ siècle, et dont les ravages n'étaient pas beaucoup moindres, non plus que ceux de la vérole avant eux, n'étaient pas sans graves inconvénients eux non plus. L'Église, pendant vingt siècles, s'est donné un mal fou pour réguler tout cela. Elle périt par où elle voulait interdire de pécher. Il est assez singulier que pareille horreur et obsession de la chair aient été introduites en Occident par la religion de l'Incarnation. Sans doute était-ce précisément parce que le Verbe s'était fait chair qu'à la chair il fallait interdire toute souillure. Néanmoins, on tourne en rond. Car pourquoi voir une souillure dans le plaisir ?

Comme je lui dois quelques-uns des plus grands bonheurs de ma vie, et des plus intenses sentiments de la présence ; comme, d'autre part, par une chance bien grande, il n'a jamais été associé pour moi au mal, à la nocence, au désir ou au plaisir de nuire, à la contrainte ; comme, au contraire je l'ai toujours vu et vécu comme le rapport social le plus riche, le plus complexe, le plus aimable et le plus doux, j'ai le plus grand mal à comprendre et à prendre au sérieux les érotiques de la transgression, à la Bataille, et trouve plus comique qu'autre chose la conviction d'offenser, par la seule pratique de la masturbation, comme dans *Histoire de l'œil* ou *Ma Mère*, je ne sais plus, un Dieu que je n'ai aucune raison de vouloir outrager ; et si j'en avais une, je m'y prendrais autrement.

**LA DÉMOCRATISATION DE LA CULTURE, DÈS LORS QU'ELLE EST ENTENDUE NON PLUS COMME UN SIMPLE ÉLARGISSEMENT MAIS COMME UNE GÉNÉRALISATION, EST-ELLE COMPATIBLE AVEC SA SURVIE – AUTREMENT QU'EN TANT QUE SIMPLE MOT, PUR NOM, « CULTURE » ?**

Donc, j'y reviens, j'aurais tendance à dire que « mai 68 », dans la mesure où il lui a donné beaucoup plus de liberté, a rendu la sexualité plus heureuse, oui ; tout juste préciserais-je que, pour jouir de cette liberté précieuse, mieux vaut lui consacrer la première moitié de sa vie, et se vouer ensuite à la réserve, au célibat, au conjungo ou à l'amour, que de procéder en sens inverse et courir le guilledou à 70 ans alors qu'on était chaste ou fidèle à 20 ans. Néanmoins, ce point et deux ou trois autres exceptés, je ne suis pas un amateur enthousiaste de notre époque. La grande question est de savoir s'il est possible d'en soutenir certains aspects, la liberté sexuelle, le droit à l'avortement, l'art contemporain, la technologie, la cybernétique, de souhaiter voir s'en établir d'autres, le droit à la mort volontaire assistée, les limitations de vitesse, la décroissance, etc., tout en en rejetant avec horreur les caractères principaux, la grande déculturation, le grand remplacement, l'interchangeabilité générale, l'artificialisation, la familiarité imposée, la disparition du nom, la civilisation des prénoms, le *da capo* perpétuel, l'effondrement de la transmission, de la lignée, de la longue durée, du temps ? En d'autres termes : *peut-on faire son choix dans une structure*, en vouloir garder certains éléments, tout en en refusant véhémentement l'ensemble, ou l'inverse, alors que je me suis efforcé de rappeler ici, après tant d'autres, à quel point toutes les pièces étaient étroitement liées, et combien le moindre changement ici pouvait entraîner de cataclysmes là ? La démocratisation de la culture, dès lors qu'elle est entendue non plus comme un simple élargissement mais comme une généralisation, est-elle compatible avec sa survie – autrement qu'en tant que simple mot, pur nom, « culture » ? L'égalité des hommes et des femmes, dès lors qu'elle n'est plus un jeu d'inégalités en sens inverse se compensant plus ou moins, comme dans les sociétés aristocratiques et encore dans les sociétés bourgeoises, est-elle compatible avec la civilisation telle que l'ont connue trente ou quarante siècles d'histoire de l'humanité ? Traditionalistes et féministes sont d'accord pour répondre que non. Et la liberté sexuelle, dont il est assez probable qu'elle est inextinguible, et que dans ces conditions, son principe et sa fin sont la *déception*, est-elle compatible avec la famille, avec la lignée, avec la transmission, avec tout ce qui fait l'objet de remplacement dans ce que j'ai nommé le *petit remplacement*, c'est-à-dire, en gros, le changement de classe de référence, pour la culture ? Plus simplement, est-elle compatible avec le bonheur, puisqu'aussi bien, c'est sur lui que vous m'interrogez ? Ou bien la contrainte, en ce domaine, tenait-elle le rôle du doigt de l'enfant dans la légende hollandaise, bouchant à lui seul une fuite, dans le barrage des polders, et empêchant ainsi qu'il ne rompe ? On l'enlève, tout le pays est submergé. C'était à peu près, l'image en moins, le point de vue de la civilisation chrétienne. Il n'était pas indéfendable, encore que l'Antiquité païenne s'en était passée sans trop de dommages pour la civilisation, ni même pour la Cité – mais la liberté sexuelle ne s'y étendait guère aux femmes.

## **ALIGNEMENT** PITEUX

Peut-être est-ce la *généralisation*, le problème ; et faudrait-il donner à tout des réponses mesurées au cordeau. Tout qui est *pour tous* est mort : la culture, la France, l'université, le tourisme, Venise, le Louvre, l'enfant du jugement de Salomon, le mariage.

Mais j'imagine que si vous m'interrogez, moi, c'est que vous voulez un mot sur l'homosexualité. L'homosexualité, qui porte le semblable dans son nom même, semblait échapper presque par définition à la pulsion sexuelle générale de la différence : en quoi d'ailleurs elle était différente ; mais cette différence se réduit comme toutes les autres, ainsi qu'en témoignent l'établissement et le succès dudit mariage gay, alignement un peu piteux sur la norme conjugale hétérosexuelle, au moment même où les hétérosexuels s'en détournent et la sapent. Remplacistes et antiremplacistes, pour une fois d'accord, me reprochent fort la prétendue incohérence de ma position : comment peut-on se prétendre hostile au grand remplacement, demandent-ils, si l'on est homosexuel, c'est-à-dire si l'on ne soutient pas l'effort nataliste des populations indigènes pour résister à la submersion migratoire ? Je pourrais répondre qu'être homosexuel n'empêche plus, de nos jours, sinon de faire des enfants, du moins d'en avoir. Mais ce n'est pas du tout mon point de vue. Je crois l'explosion démographique le pire des maux qui menacent la planète, et j'estime parfaitement sage la légère décroissance que pratiquent les Européens, tel qu'y concourt l'homosexualité. Les industries de l'homme, qui ont besoin pour se maintenir de la croissance constante du nombre de consommateurs, remplacent les populations à faible taux de reproduction par des populations à taux élevé. Le problème n'est pas que les Européens ne fassent pas assez d'enfants, c'est que les autres en fassent trop ; et qu'ils viennent les faire en Europe, où ils consomment bientôt autant que les Européens, de sorte qu'on ne peut plus arguer en leur faveur, comme devant, de leur moindre contribution à l'effet de serre.

Un mot aussi de la pédophilie, bien que le sujet ne me réussisse guère. Comme il est très étranger à ma pratique – mes désirs, par chance, ne m'ayant jamais le moins du monde porté vers les enfants – j'aurais sans doute mieux fait de l'éviter tout à fait, y ayant commis quelques phrases maladroites, dont les harceleurs ne cessent de me harceler. Je ne pouvais l'aborder que d'un point de vue d'enfant, ou d'adolescent, et par des souvenirs lointains, non pas de relations véritables mais de désirs et de pulsions qui, vers mes quatorze ou quinze ans, me portaient volontiers vers de jeunes adultes, ce qui n'est pas très rare, je crois, et nullement propre à l'homosexualité. Je conçois qu'une grande part du débat se concentre aujourd'hui sur la notion de *consentement*, même si je trouve un peu paradoxal que le consentement sexuel d'adolescents d'âge raisonnable, c'est-à-dire tel que le fixe à peu près la nature, soit tenu pour nul et non avenu alors que la volonté d'un enfant de sept ou huit ans, si je comprends bien, est considérée comme suffisante pour la décision de changer de sexe. De toute façon, le consentement n'est pas assez, même à quatorze ou quinze ans. À quelque âge que ce soit, qui veut de rapports sexuels seulement *consentis*, accordés comme une charité, après un long plaidoyer, ou bien en échange de faveurs ? Tout spécialement dans les débuts de la vie sexuelle, il faut bien plus que cela : il faut de l'enthousiasme et même de l'initiative, au moins dans les intentions. Je n'ai connu rien d'autre pour ma part, d'ailleurs en vain, environ les années du bac. Quant au respect de la loi, ce n'est pas moi qui inviterai à s'y soustraire, n'en ayant jamais été tenté.

Cependant on sent bien une espèce d'hystérie : des discours qui s'emballent, se braquent, tout emplis du désir non seulement d'avoir raison, toujours raison, mais aussi et surtout d'avoir raison de l'autre. C'est ce que j'appelle *les armes absolues de langage*: celles qui ne laissent rien de l'objecteur, quels que soient la mesure ou le modeste bon sens de son objection. À la fabrication de pareilles armes, dont les arsenaux du débat sont emplis, il faut une matière première de malheur ou d'horreur indéniables (ce que d'autres ont nommé le « capital victimaire »), que l'adversaire imprudent sera toujours accusé de contester ou de considérer avec indifférence, dès lors qu'il s'aventurerait inconsidérément dans la zone de tir des forteresses de discours : masse des violences faites aux femmes, fragilité psychologique de l'enfance, viols, esclavage occidental, colonisation Nord-Sud, racisme des racistes, univers concentrationnaire, humiliation sociale, domination quelle qu'elle soit. Tel qui s'arc-boute sur ces citadelles inattaquables, celui-là ne peut pas perdre : on pourrait encore citer *l'emploi*, plus efficace parapluie nucléaire contre l'écologie, par exemple. Et sur ces impénétrables bastilles, beaucoup s'appuient qui ne doivent pas perdre, dont il est excellent qu'ils ne perdent pas, qu'ils soient entendus et même que leur point de vue l'emporte. L'ennui est que beaucoup d'autres – la majorité sans doute, hélas, en régime de négationnisme généralisé, c'est-à-dire dans les sociétés tout entières organisées sur la négation, sur la dénégation, sur l'occultation de leur phénomène principal – ne s'appuient sur elles que pour asseoir leur pouvoir, ou celui qu'ils servent, ces pouvoirs fussent-ils criminels, génocidaires, substitutionnistes ou liquidateurs.

## UN ***MEE TOO*** GÉNÉRALISÉ

J'avais jadis pour théorie que la répression était en quantité constante, qu'elle s'alourdissait ici quand elle s'allégeait là, que par exemple, elle s'aggravait dans le champ politique quand elle se relâchait dans le champ sexuel. Ce fut peut-être vrai un moment, alors que prospérait encore la liberté sexuelle issue de Mai 68 tandis que se forgeaient les outils répressifs voués à forclore toute objection au grand remplacement. Ce ne semble plus l'être aujourd'hui. Au contraire, bien loin de se nuire, les répressions politique et sexuelle semblent s'épauler, comme elles l'ont fait souvent dans l'histoire des hommes. Ainsi, à mesure qu'il est plus interdit et plus dangereux de s'aviser du changement de peuple et du changement de civilisation qu'il implique, leurs effets se font plus lourds sur la liberté des mœurs et sur la liberté tout court, à commencer par la liberté d'aller et venir sans se faire importuner, attaquer, étrangler ou violer, surtout pour les femmes, naturellement. D'étranges alliances s'établissent, entre dominants de jadis, devenus dominés par la force des choses, et dominés historiques, devenus dominants par la faveur de Davos, de ses directeurs locaux, de ses journaux et de ses juges. Selon le mécanisme que j'évoquais plus haut, celui des armes absolues de langage, il n'est pas jusqu'à la défense de la liberté qui ne puisse devenir instrument de répression, d'oppression, ou simplement d'ankylose, voire de pétrification, pour les corps et pour la pensée. Dès lors que tout le monde peut être victime, tout le monde peut être tyran. C'est le *me too* généralisé. Bien calée sur les vérités incritiquables, de préférence épouvantables, la répression étend son emprise dans des compas toujours plus larges. Il y a retour de bâton. « Les mecs de vingt-cinq ans qui draguez que des meufs de dix-huit pile parce que vous aimeriez bien plus jeune mais c'est interdit, on vous voit », lisais-je la semaine dernière sur un réseau social – la popularité actuelle de cet « on vous voit » panoptique et *big brotherien* est significative. Et aujourd'hui même, c'est au tour d'un joli YouYubeur à succès de se faire taxer de pédophilie, rien de moins, pour avoir eu à 25 ans des relations sexuelles tout à fait consenties avec une fille de 16 ans : si une fille de 16 ans peut coucher en toute liberté avec un garçon de son âge, on ne voit pas très bien pourquoi elle ne le pourrait pas avec un homme de 20 ou 25 ans. Il ne s'agit pas de droit des adultes, mais de droit des adolescents. Cependant, un ami de 32 ans me disait que pour lui, sortir avec une fille de 20 ans devenait très mal vu. Toutes les différences d'âge jugées trop marquées, fussent-elles entre une femme ou un homme de 60 ans et un homme ou une femme de 30 ans, sont aussitôt soupçonnées d'être d'intolérables marques de l'histoire éternelle de la domination.

**DÈS LORS QUE TOUT LE MONDE PEUT ÊTRE VICTIME, TOUT LE MONDE PEUT ÊTRE TYRAN. C'EST LE *ME TOO* GÉNÉRALISÉ. BIEN CALÉE SUR LES VÉRITÉS INCRITIQUABLES, DE PRÉFÉRENCE ÉPOUVANTABLES, LA RÉPRESSION ÉTEND SON EMPRISE DANS DES COMPAS TOUJOURS PLUS LARGES.**

## « C'EST **CULTUREL** »

Tant d'encombres sont mis par la vertu idéologique aux relations entre tous les sexes connus qu'on ne voit plus trop comment ils font pour s'accorder encore quelquefois. D'ailleurs, ils semblent s'accorder de moins en moins. Ce pourrait n'être pas une mauvaise chose pour la planète, qui n'en peut plus de l'homme : à ceci près qu'à force de décourager les scrupuleux, les prudents, les paranoïaques, les in-nocents, les effrayés-de-mal-faire et d'être mal vus, les persuadés-de-leur-indignité, on risque de n'avoir plus dans le champ, en guise de remplacement, que les violents, les nocents, les déséquilibrés, les trop-sûrs-d'eux sans foi ni loi, violeurs, égorgeurs, assassins. « C'est culturel » diront-ils (ou bien leurs avocats). Et en effet. ◆

SOUVERAINETÉ

# EXTENSION DE L'UNION EUROPÉENNE

# EXTENSION DU DOMAINE DE LA LUTTE ?

PAR
JACQUES SAPIR

**Contributeur régulier de *Front Populaire*, l'économiste Jacques Sapir, qui partage avec Michel Onfray et Michel Houellebecq une commune aspiration au Frexit, montre comment la construction européenne a fini par déconstruire la démocratie française.**

La nature des débats suscités par l'Union européenne s'apparente depuis une quinzaine d'années à une forme de guerre de religion, qui semble séparer les Français en deux camps irréductibles figés dans leur mutuelle détestation. Résultat, il suffit à présent d'émettre publiquement le moindre mal au sujet de l'Union européenne (UE), de formuler la moindre critique même justifiée, même soigneusement argumentée, que l'on est immédiatement traîné devant on ne sait quel tribunal médiatique, excommunié, symboliquement brûlé.

Pourtant, le processus de constitution des institutions européennes a toujours fait l'objet de controverses en France. Le débat sur la Communauté européenne de défense (CED) fut ainsi l'une des querelles marquantes de la IVe République, qui aboutit à l'abandon du projet. De même, la signature du traité de Rome, instituant la Communauté économique européenne (CEE) en 1957, fut loin de faire l'unanimité. Outre le PCF, on se souvient de l'éloquent discours de Pierre Mendès France s'y opposant[1]. Plus tard, le général de Gaulle, dans un entretien télévisé avec Michel Droit en date du 14 décembre 1965, ne fut pas non plus tellement tendre envers les fédéralistes européens, qu'il accusa de sauter « sur les chaises comme un cabri en criant "Europe, Europe !" ». En 1992, il n'y eut pas davantage de consensus lors de l'adoption du traité de Maastricht, par lequel la CEE devint l'UE. On se souvient de la fameuse passe d'armes entre Philippe Séguin et François Mitterrand, affaibli par la maladie. Seulement, avec le temps, ce qui n'était qu'opposition devint ressentiment. Et ce qui n'était que soutien raisonnable, et souvent raisonné, se mua progressivement en un discours relevant du fanatisme dogmatique. Aujourd'hui, entre les thuriféraires béats de Bruxelles et les partisans du Frexit (autrement dit de la sortie de la France de l'UE), c'est un échange d'insultes, mais aussi une double incompréhension totale. L'autre n'est plus considéré comme un adversaire, mais comme un ennemi ; certains critiques de l'UE se sont ainsi vus refuser non seulement toute légitimité, mais aussi, bien souvent, le droit à la parole, ce qui constitue aussi une rupture avec les pratiques de la démocratie.

**AUJOURD'HUI, ENTRE LES THURIFÉRAIRES BÉATS DE BRUXELLES ET LES PARTISANS DU FREXIT, C'EST UN ÉCHANGE D'INSULTES, MAIS AUSSI UNE DOUBLE INCOMPRÉHENSION TOTALE.**

## COMBINAISON DÉLÉTÈRE

Mais pourquoi tant de haine ? Comment l'extension dans les faits, mais aussi dans le droit, du pouvoir des institutions européennes a-t-il pu engendrer un si fort sentiment de dépossession de souveraineté ? On est passés d'un projet de coopération entre cinq États, qui n'excluait nullement des collaborations avec des pays non inclus dans le processus, à l'idée que la France ne

[1] *Journal officiel de la République française*, débats parlementaires-Assemblée nationale, 19/01/1957, n°3, Imprimerie nationale.

saurait avoir d'autre destin que de se fondre dans une grande fédération. Ce changement explique en grande partie l'exaspération des Français. À quoi vient s'ajouter, chez nombre de membres du personnel politique, la multiplication de pratiques en rupture, si ce n'est avec les règles formelles du moins dans l'esprit, avec la démocratie. C'est cette combinaison délétère qu'il faut rappeler.

En fait, les oppositions prirent une autre tournure en 2004-2005, lors du débat sur le Traité instituant la Communauté européenne (TCE), débat qui aboutit au rejet de celui-ci par référendum. Les partisans du projet, qui s'avérèrent être minoritaires, menèrent une campagne dans les médias d'une violence et d'un mépris qui préfiguraient ce que l'on a connu par la suite, et en particulier lors de la crise des Gilets jaunes. Ils abusèrent de leur position institutionnellement dominante. Au-delà des déséquilibres choquants tolérés par le CSA qui, en réglant les quotas de parole sur le poids des partis, a confondu sciemment élection parlementaire et référendum, le plus scandaleux fut certainement la campagne clandestine à la télévision menée par les membres du gouvernement. Les chiffres collationnés par l'équipe de l'émission *Arrêt sur images*, à défaut d'être exhaustifs, sont éloquents. Du 1er janvier au 31 mars 2005, le rapport entre les temps de parole donnait, pour l'ensemble des émissions (soit les journaux télévisés, les émissions politiques et les émissions de divertissement), 71% aux partisans du « oui » contre 29% aux partisans du « non ». Pour les seuls journaux télévisés, le « oui » bénéficiait de 73% du temps contre 27% pour le « non[2] ». Mais, surtout, ce fut le contenu et la forme de ces interventions, dégoulinants de mépris, qui contribuèrent largement à durcir par la suite la nature des débats sur l'Europe.

À preuve, l'usage permanent par les partisans du « oui » de la notion de « pédagogie ». Ce terme est extrêmement dangereux quand il s'agit d'un débat politique. La pédagogie a sa place dans une relation enseignant-enseigné. Elle est hors de propos en démocratie. Prétendre, comme l'ont fait plusieurs partisans du « oui », qu'ils instruisaient les masses en présentant leurs arguments revient à considérer le « non » comme une opinion infantile et donc, à dénier à ceux qui votent « non » le statut de citoyens. Le vocabulaire des partisans du « oui » trahissait ainsi leur imaginaire. Ils ne se concevaient pas comme porteurs d'une simple opinion – qui peut être juste ou fausse, mais qui est par nature toujours discutable – mais comme détenteurs uniques d'une « vérité » absolue. On disait de ceux qui émettaient des doutes qu'ils n'avaient compris ni le texte ni son contexte. On était catalogué fauteur de guerre, xénophobe et populiste. L'idée même que des opinions différentes de celles des partisans du « oui » puissent être légitimes était niée en permanence. Aux opposants, on refusait jusqu'à l'intelligence et la dignité.

La campagne pour le référendum du 29 mai 2005 a été exemplaire d'une dérive antidémocratique où se sont exprimés les représentations et l'inconscient d'une élite médiatique en guerre contre les classes populaires. Les formules et les figures de rhétorique employées illustrent bien cette nouvelle trahison des clercs et l'organisation d'un discours de la haine et de la culpabilisation. Ceci a été remarqué et analysé en d'autres lieux[3].

## LES DÉSASTREUSES ANNÉES 1980, OU LE **LEG** MAUDIT DU MITTERRANDISME

Comment en sommes-nous arrivés là ? La construction européenne est passée, on l'a dit, d'un débat sur des compromis – bons ou mauvais – et sur des institutions à un débat de nature religieuse où l'on prétend mobiliser des « valeurs » dites fondatrices en défense d'un processus politique. Cette transformation peut être datée : elle prend ses racines dans le premier septennat de

[2] Chiffres présentés lors de l'émission du 10/04/2005 et publiés sur le site web Acrimed en date du 11/04/2005.

[3] Voir Frédéric Lordon, « La procession des fulminants », publié par le site web Acrimed en date du 17/06/2005.

François Mitterrand, et en particulier dans les années 1981-1985. Ce fut à cette époque que le Parti socialiste, nouvellement rallié à la « rigueur » (1983) et plus tardivement aux principes de la privatisation, abandonna le socialisme et plus généralement l'idée d'une transformation sociale substantielle. Ce faisant, il ouvrait une crise d'identité dans la gauche non-communiste, qui faisait écho à celle que connaissait le PCF depuis l'écrasement du Printemps de Prague (1968) et qui avait été ravivée par l'intervention soviétique en Afghanistan et la crise politique en Pologne avec la naissance du syndicat indépendant Solidarnosc, crise qui portait en germe l'effondrement de la sphère de domination soviétique en Europe et donc du modèle servant de référence à ce parti.

## MOBILISER LES **CŒURS**

C'est dans ces années 1980 que la construction européenne, qui avait, il convient de le rappeler, toujours figuré au programme du Parti socialiste (et de son ancêtre la SFIO), fut promue comme l'utopie réaliste ultime, celle qui devait mobiliser les esprits et les cœurs à la place du socialisme. En fait, de manière souterraine, cette idée était déjà à l'œuvre dans l'esprit de François Mitterrand dès son élection en 1981. C'est en effet au nom de la construction européenne qu'il se refusa à réaliser l'importante dévaluation du franc qui était nécessaire, et qu'il s'opposa aux mesures protectionnistes qu'une partie du gouvernement de Pierre Mauroy demandait. C'est toujours au nom de cette construction européenne qu'il soutint le chancelier allemand Helmuth Kohl dans son fameux discours au Bundestag en 1982 et qu'il enclencha le processus qui devait conduire à l'Acte unique européen.

L'Acte unique européen[4] se fixait officiellement pour objectif l'achèvement du « marché intérieur » de la CEE en proclamant l'effectivité des libertés commerciales accordées en droit depuis 1957, mais soumise à de nombreuses restrictions négociées à la demande des États. Cet achèvement devait devenir effectif à la fin de 1992. À la suite de différents rapports (rapport Thorn, sur la réforme de la politique agricole commune et des procédures budgétaires, rapport Delors) et de projets divers, comme celui des anciens ministres allemands et italiens Genscher et Colombo d'aboutir à un engagement conduisant à une future Union européenne, l'Acte unique prit forme. La Commission prévoyait ainsi l'adoption d'environ 300 directives visant à démanteler les barrières politiques et fiscales faisant obstacle à la libre circulation des marchandises, des services, des capitaux et des personnes. Elle introduisait aussi une procédure de décision sur les sujets concernant l'harmonisation des règles du « marché intérieur », désormais constitué par les pays de la CEE par un vote à la majorité qualifiée des États membres (alors représentés lors des réunions du Conseil des ministres pour les communautés européennes), à l'exclusion des questions fiscales et sociales. Ce point est important. Il empêche un pays de s'opposer à ces changements de règles et signifie que chaque pays a, individuellement, perdu le contrôle sur les règles régissant le commerce et la finance. Au-delà, le passage du vote à l'unanimité à celui à la majorité qualifiée, qui fut présenté comme une formalité technique visant à simplifier les débats, était lourd de conséquences. Il signait le glissement d'une alliance de pays, dans laquelle la souveraineté de chacun doit être respectée et où nul ne peut être contraint, à une logique réellement fédérale, comme ce qui existe aux États-Unis ou en Allemagne.

Il convient alors de revenir sur ce qu'impliquent ces quatre « libertés » que l'on entendait faire prévaloir dans

[4]De Ruyt Jean, *L'Acte unique européen*, éd. Institut d'études européennes de l'université de Bruxelles, 1989.

le cadre de l'Acte unique. On y trouve la libre circulation des marchandises et des services ; en dépit de la suppression des droits de douane en 1968, il existait encore d'importantes et nombreuses barrières dites non tarifaires et les États conservaient encore des pouvoirs discrétionnaires importants. Quatre séries de mesures marquèrent la primauté du « grand marché » et changèrent de manière considérable les règles au sein de ce qui n'était encore que la CEE :

- La suppression des entraves techniques par le biais de ce que l'on désignait comme l'harmonisation européenne (un alignement de faits sur le « moins-disant ») et de la reconnaissance mutuelle du principe selon lequel un État membre ne peut refuser un bien d'un autre État, sauf pour des raisons basées sur le principe de précaution (par exemple : la crise de la vache folle à partir de 1996).

- La suppression des obstacles douaniers avec l'abandon des formalités douanières fiscales et sanitaires à la frontière. De fait, chaque pays était contraint de faire confiance dans la capacité de ses partenaires à contrôler les biens provenant hors de l'espace de la CEE pour s'assurer qu'ils ne contrevenaient pas aux règles internes de la CEE. Ce principe conduisit à un relâchement général des règles.

- L'ouverture des marchés publics et l'interdiction qui s'ensuit de mettre en place des mesures de politique industrielle, à l'instar de ce qui était pratiqué aux États-Unis et au Japon.

- Le principe de libre prestation couvrant les domaines des banques, des assurances, de la finance et des transports, instituant alors une concurrence sans limites dans ces domaines, et la liberté pour une entreprise de s'installer dans le pays de son choix. Ce point est important car il portait en lui la destruction programmée des services publics et il ouvrait l'espace constitué par les pays de la CEE à la finance, tout en favorisant ce que l'on appelle les « délocalisations internes » dans le cadre de la CEE.

**LE VOTE À LA MAJORITÉ QUALIFIÉE DES ÉTATS MEMBRES SIGNIFIE QUE CHAQUE PAYS A, INDIVIDUELLEMENT, PERDU LE CONTRÔLE SUR LES RÈGLES RÉGISSANT LE COMMERCE ET LA FINANCE.**

L'Acte unique préfigurait donc le cadre de la future Union européenne. Il signait la fin des politiques économiques et industrielles nationales, sans que ces dernières soient remplacées par des politiques communautaires équivalentes. Et pour cause : les auteurs de l'Acte unique sont des idéologues convaincus que le marché, la fameuse « concurrence libre et non faussée » va s'avérer bien plus efficace que l'action des États. Ils organisaient, sans le dire, mais en ayant une conscience claire de ce qu'ils faisaient, une forme de dépossession des différents États des compétences économiques et financières qui avaient permis la reconstruction de l'après-guerre.

De ce point de vue, on peut considérer que l'Acte unique a constitué une contre-révolution massive, s'attaquant aux institutions nationales qui avaient été au fondement du consensus social des années 1950 aux années 1970. Cet Acte unique organisait en fait la désindustrialisation d'une grande partie du continent européen.

Ainsi fut donc ouverte la voie vers le traité de Maastricht, ratifié en France par référendum (à une courte majorité de 51 %) en septembre 1992, et qui fut, en réalité, le dernier acte réellement démocratique du processus de construction européenne.

## L'AFFAIRE DU **RÉFÉRENDUM** SUR LE TRAITÉ CONSTITUTIONNEL DE 2005 ET SES SUITES DU TRAITÉ DE LISBONNE

Le débat et la controverse qui eurent lieu autour du TCE de 2005 furent une date clé dans le processus d'involution de la construction européenne, mais aussi dans son rejet. Car, il convient de le rappeler, cette convention fut rejetée par le peuple français à une majorité bien plus large (55%) que celle qui avait approuvé Maastricht.

Le TCE n'était nullement, en tant que tel, un projet scandaleux. Un système fédéral, sous réserve que l'on eût au préalable démontré l'existence d'un peuple européen et donc d'une culture politique commune (démonstration qui ne fut jamais faite), n'aurait en rien été attentatoire aux principes de la démocratie. On pouvait assurément s'interroger sur l'unité et l'homogénéité de l'ensemble des vingt-cinq pays membres de l'UE, à l'époque, tel qu'il résultait d'un processus d'adhésion trop hâtif et non maîtrisé politiquement, mais l'effort de rationalisation du TCE, pour imparfait et bancal qu'il était, devait être reconnu et discuté.

Il n'en restait pas moins que, au-delà, ce traité établissait des principes d'organisation pour les pays qui le ratifieraient. La démarche allait au-delà de la règle de supériorité du droit européen sur le droit national, que nous connaissons actuellement. Eût-il été adopté, le TCE aurait fait obligation aux pays concernés de n'établir que des lois et règlements conformes aux principes qu'il contenait (et non plus à un texte donné, portant sur un point particulier), sous peine d'invalidation devant une cour constitutionnelle, que celle-ci fût nationale ou européenne. En ce sens, il était bien plus qu'un texte de circonstance. On ne pouvait y voir la simple répétition de traités déjà existants, comme on a voulu indûment le faire croire. Il aurait durablement engagé notre futur, en limitant considérablement nos possibilités de faire évoluer nos sociétés dans un sens positif. Il s'agissait bien d'une « constitution » : ce n'était pas un ensemble de lois, mais un ensemble de principes disant comment faire les lois.

Parmi ces principes d'organisation, nombre d'entre eux, et cela était d'emblée inquiétant, concernait l'économie et la société. L'indépendance de la Banque centrale européenne (BCE) et la confirmation constitutionnelle que son objectif prioritaire devait être la lutte contre l'inflation (art. I-30 et III-185) comptaient parmi les plus discutables pour un économiste au fait de l'état actuel de la théorie sur ces points. Plusieurs travaux scientifiques[5] ont en effet montré que la priorité donnée à l'objectif anti-inflationniste est dangereuse, et qu'une inflation trop faible est néfaste à la croissance et au plein-emploi, mais ils avaient été « oubliés » par des « constituants » dépourvus de toute légitimité. Au-delà des controverses qui se poursuivent dans la profession, il faut indiquer que le seul fait que l'un de ces articles ait fait partie des « principes » du TCE était à tous égards scandaleux. Il ne s'agissait pas, comme on l'a prétendu, d'un texte de compromis, mais bel et bien d'un texte de combat idéologique. C'était un « manifeste » de l'euro-libéralisme.

Le fait que le titre III du TCE érige la concurrence en principe structurant n'était pas moins grave pour l'économiste comme pour le citoyen, même s'il fallait bien reconnaître qu'un grand pas dans cette funeste direction avait été fait avec l'Acte unique. Des économistes de grand renom avaient démontré la fausseté de cette vision[6]. La raison et le bon sens voulaient aussi que la question, si fluctuante et concrète, de la concurrence économique appelât une lecture pragmatique des jugements de circonstance[7], et pas une théorie gravée dans le marbre. Il faut, hélas, constater que le TCE en-

[5]Voir George A. Akerlof, William T. Dickens et George L. Perry, « *The Macroeconomics of Low Inflation* », *Brookings Papers on Economic Activity*, n°1/1996 ; et Torben M. Andersen, « *Can Inflation Be Too Low?* », Kyklos, vol. 54, fasc. 4.

tendait pérenniser une seule et unique forme d'organisation de l'économie et de la société. Et qu'il prétendait retirer aux peuples toute possibilité de choix en la matière. On comprend que, dans ces conditions, de nombreux économistes, et non des moindres[8], aient fait état de leurs objections à ce texte. Ici encore cependant, l'enjeu dépassait largement les débats au sein de la profession. Si cette Constitution européenne avait été ratifiée, le paradigme de la concurrence dite « libre et non faussée » (art. I-3, § 2) serait devenu un principe fondateur dans les pays concernés, avec toutes les conséquences que l'on devine sur l'organisation économique et sociale. Même en temps de guerre, ce principe de concurrence devait, autant que faire se pouvait, rester valide (art. III-131). On aurait donc pu attaquer les lois et réglementations devant les différentes juridictions nationales ou européennes, au motif qu'elles étaient en contradiction avec un « principe » fondateur. Les juges auraient été maîtres de nos destins et de notre organisation sociale. Comment s'en étonner, quand l'article suivant érige la libre circulation des capitaux en liberté fondamentale (art. I-4) ?

**IL NE S'AGISSAIT PAS, COMME ON L'A PRÉTENDU, D'UN TEXTE DE COMPROMIS, MAIS BEL ET BIEN D'UN TEXTE DE COMBAT IDÉOLOGIQUE. C'ÉTAIT UN « MANIFESTE » DE L'EURO-LIBÉRALISME.**

On évoquera aussi, parmi bien d'autres raisons pouvant justifier le rejet de ce texte, une politique de défense européenne inconsistante, soumettant les structures à la dynamique de l'OTAN et l'industrie des armements à la logique du marché ; une vision des « droits » des salariés limitée à la non-ségrégation et n'établissant pas la spécificité de la relation salariale ; ou encore une référence au « droit à la vie » (art. II-62) qui menaçait directement le droit des femmes au libre accès à la contraception et à l'avortement. On pouvait aussi rejeter ce texte parce qu'il réduisait à la portion congrue la démocratie élective au profit des « règles », c'est-à-dire du dessaisissement du citoyen (art. III-188 sur la BCE). Ajoutons tous les obstacles qu'il créait aux coopérations renforcées (art. I-44, III-416 et III-423) et qui auraient rendu impossibles, en leur temps, les aventures industrielles que furent Airbus et Ariane. Chacun de ces motifs était suffisant et aurait suffi à justifier le rejet.

Le traité fut donc rejeté à la faveur du référendum qui se tint le 29 mai 2005. Mais, les élites françaises et européistes ne l'entendaient pas de cette oreille et organisèrent l'un des plus grands dénis de démocratie que l'on ait connus dans la France depuis 1945 : l'adoption de la majorité des dispositions rejetées lors de ce référendum par le traité de Lisbonne, convention qui fut validée par le « Congrès » à la suite d'un accord entre Nicolas Sarkozy et François Hollande – qu'il convient d'associer dans le légitime opprobre que cette manipulation suscita. C'est ce déni de démocratie qui explique le durcissement brutal du débat, outre le fait que les partisans de l'adoption du TCE ne renoncèrent à aucune bassesse, n'épargnèrent aucune humiliation à leurs adversaires, contribuant ainsi largement à créer les conditions d'un débat antagonique où priment désormais les relations amis/ennemis.

## DE LA **POST-DÉMOCRATIE** SOUS L'EMPIRE DE L'UNION EUROPÉENNE

Dans les quinze ans qui nous séparent désormais de la honteuse ratification

[6]Voir les textes des discours prononcés à Stockholm par Joseph E. Stiglitz et George A. Akerlof : J.E. Stiglitz, *« Information and the Change in the Paradigm in Economics »*, *American Economic Review*, vol. 92, n°3, juin 2002, et G.A. Akerlof, *« Behavioral Macroeconomics and Macroeconomic Behavior »*, *American Economic Review*, vol. 92, n°3, juin 2002.

[7]Akerlof George A., *« The Market of 'Lemons' : Quality, Uncertainty and the Market Mechanism »*, *Quarterly Journal of Economics*, vol. 84, n°3, août 1970.

[8]Ces économistes pouvaient avoir des opinions politiques très différentes. On pense ici à Jacques Généreux, membre du PS, et à son livre *Manuel critique du parfait Européen. Les bonnes raisons de dire « non » à la Constitution* (2005, éd. du Seuil) ; à Maurice Allais, prix Nobel d'économie aux opinions libérales affichées, qui a publié un article titré « Aveuglement » dans *Le Monde* du 15/05/2005 ; à Dominique Plihon et à son article « Les politiques sous tutelle » publié dans *Libération* le 19/04/2005 ; ou encore aux différents textes rassemblés *in* Gilles Raveaud, Aurélien Saïdi et Damien Sauze, *Douze Économistes contre le projet de Constitution européenne*, éd. L'Harmattan, 2005.

du traité de Lisbonne, les sombres prémices de ce texte et de ses prédécesseurs immédiats se sont transformées en catastrophiques récoltes.

Les règles et règlements émis par l'UE, et par son appendice l'eurozone, se sont imposés, ou ont été imposés, à un nombre croissant de pays. Ces derniers ont ce faisant, perdu, lambeau par lambeau, des pans entiers de leur souveraineté. Ce qui ne leur avait pas été enlevé par l'UE le fut par l'euro, qui les prive de souveraineté monétaire. La politique économique sous ses trois aspects, politique budgétaire, politique monétaire et politique structurelle, devient la servante des injonctions communautaires. Ceci est un fait.

## L'UNION EUROPÉENNE, UNE STRUCTURE DE TYPE **IMPÉRIAL**

Mais au-delà de ce fait, c'est la démocratie elle-même qui est en danger, avec la concentration de pouvoirs entre les mains de dirigeants désignés sans contrôle démocratique. On se rappelle comment l'eurozone et l'UE traitèrent la Grèce en 2015, forçant un gouvernement légalement élu, appuyé par un référendum qui avait largement été gagné, à capituler devant les exigences de Bruxelles et Francfort. Cet épisode a montré à tous ceux qui voulaient bien le voir que nous sommes entrés en « post-démocratie ». Rappelons cette citation de Jean-Claude Juncker, alors à la tête de la Commission européenne : « Il ne peut y avoir de choix démocratique contre les traités européens ». Dire que des choix sont au-dessus de la démocratie est la manière la plus claire de dire qu'il n'y a plus de démocratie. Cela explique, et même justifie, la violence des oppositions à l'UE, qui se sont concrétisées l'année suivante dans le référendum britannique sur la sortie de la Grande-Bretagne de l'UE, ce que l'on appelle le Brexit.

À chaque crise, que ce soit celle découlant de la gestion de la crise financière de 2008-2010 qui s'étendit dans l'UE de 2010 à 2015, celle de l'épidémie de Covid ou la crise provoquée par la guerre en Ukraine, l'UE cherche à renforcer sa dimension fédérale. Bien entendu, ceci suscite immédiatement des réactions contraires. À chaque tentative, de nouvelles lignes de fracture apparaissent, d'abord à la périphérie de l'UE puis, désormais, de plus en plus proches du cœur historique de l'UE. L'abstention de la Belgique lors du vote de la huitième vague de sanctions contre la Russie en est un exemple. Cette tendance de l'UE à chercher à avancer dans le fédéralisme lors de chaque crise est une constante de son action. Notons qu'elle se trouve considérablement renforcée par des dirigeants politiques nationaux, comme Emmanuel Macron.

Accepter un « fédéralisme » européen alors qu'il n'existe nul peuple européen ne peut que conduire à des règles et des pratiques de plus en plus antidémocratiques et attentatoires à nos libertés, qu'elles soient individuelles ou collectives. L'Union européenne a en effet depuis longtemps cessé d'être un cadre permettant des coopérations renforcées entre ses membres pour se constituer en une structure de type impériale, au sens de l'Empire allemand de 1871 à 1918 ou de l'Empire austro-hongrois, qui disparut lui aussi en 1918. De ce point de vue, les dirigeants de Bruxelles, comme leurs thuriféraires en France, ou ailleurs, feraient bien de relire Jean-Baptiste Duroselle qui écrivit : « Tout empire périra[9]... »

Oui, la question de l'Europe, ou plus précisément de l'UE et des institutions européennes, divise en profondeur l'opinion française. Mais ce clivage n'est que le produit de la dérive des institutions européennes, qui en font désormais une menace existentielle pour la survie de la France. ◆

[9] Duroselle Jean-Baptiste, *Tout empire périra*, éd. Armand Colin, 1981.

MIROIR

# REGARDER L'ÉPOQUE TOMBER

PAR
FRANCK LANOT

**Même si les histoires qu'ils racontent n'ont aucun lien apparent, *Soumission* et *Sérotonine*, les deux romans publiés par Michel Houellebecq avant *Anéantir*, forment un diptyque, estime Frank Lanot, le spécialiste littérature de *Front Populaire*, pour qui le romancier s'inscrit dans la lignée de Balzac, Baudelaire et Bernanos dans sa manière de raconter son époque.**

En habitués des lendemains de fête, Houellebecq a fait paraître deux romans qui ont pour premier point commun de ne comporter qu'un mot, un substantif, commençant tous deux par la lettre S. *Soumission* sort le 7 janvier 2015, et *Sérotonine* le 4 janvier 2019, aux éditions Flammarion. Les deux textes vont, pour citer un mot de l'époque, « vitrifier la rentrée littéraire », et concentrer la plus solide attention des critiques de tous bords. Ils seront à la fois loués et vilipendés, dans un concert d'hyperboles mémorable.

Dernier cousinage : on a prêté à Houellebecq un don de « visionnaire », car les deux livres ont trouvé, au cœur d'une immédiate actualité, des échos frappants : les attentats islamistes contre *Charlie Hebdo* (du 7 au 9 janvier) se sont produits au moment même où *Soumission* entrait en librairie ; les émeutes dites des Gilets jaunes ont commencé en France à la fin de l'année 2018, quand *Sérotonine* allait être mis en place chez les libraires. Or, *Soumission* montre une France qui place à la tête de l'État un Président d'origine maghrébine et appartenant à un parti musulman, et *Sérotonine* fait une large part au malaise du monde rural et à l'exaspération de ce que Christophe Guilluy a appelé « la France périphérique ». Prophète, Houellebecq ? Visionnaire ? Assurément non : il est poète, ce qui vaut cent fois mieux. Le poète est celui qui se souvient de l'avenir : Houellebecq n'a fait que mettre au net les contours flous et embrouillés du quotidien diffus, et a su les façonner avec maestria dans cette machine à inventer la réalité qu'est le roman.

## DEUX **ANTIHÉROS** DE NOTRE TEMPS

*Soumission* et *Sérotonine* sont deux romans que leur auteur a voulus d'une facture classique : deux personnages principaux animent le récit, deux mâles blancs cabossés dans le deuxième versant de leur existence, et ne péchant pas – litote aidant – par un excès d'optimisme. C'est leurs parcours, intellectuel, affectif, existentiel, qui organisent l'ensemble du livre. Selon Raymond Queneau, les grands romans sont soit une *Iliade*, soit une *Odyssée* : *Soumission* est une *Iliade*, roman de l'action et du combat qui met en scène une crise, c'est-à-dire le passage d'un monde ancien (la France épuisée d'indifférence et de renoncement) à un monde nouveau (une France régénérée, qui, s'étant donné à un musulman modéré, retrouve la vigueur et la colonne vertébrale qui lui faisaient défaut) ; *Sérotonine* est une *Odyssée*, roman du voyage et du retour au pays d'enfance, trajet d'un personnage à la recherche de son territoire perdu, la Normandie finissante livrée aux monstres froids de la bureaucratie et à la mondialisation heureuse.

Houellebecq a conçu deux personnages centraux d'une incontestable proximité : ils s'apparentent tous deux au caractère – au sens que La Bruyère donne à ce mot, et qu'a conservé la langue anglaise – de l'antihéros, ou du contre-héros. Passifs, velléitaires, dépressifs, ils sont des ludions projetés dans un monde qui les essore, les malaxe, les *bouleversifie*.

## **PRÉSENTONS-LES** BRIÈVEMENT

*Soumission* est une fable d'anticipation : nous sommes en 2022 (le roman est publié sept ans auparavant), et Hollande achève son second mandat.

François, proche de la cinquantaine, professeur de littérature, spécialiste de Huysmans est un « célibataire cultivé, un peu triste », dont l'existence est celle, effroyablement banale, d'un universitaire sans flamme ni projet. Détaché de tout, attaché à rien ni à personne. On croise deux de ses collègues, l'un spécialiste de Rimbaud, l'autre de Balzac : étonnante opposition entre ces chercheurs, asthéniques et vides, et leur objet d'étude, des créateurs géniaux, démiurgiques, prométhéens. L'existence de notre ectoplasme sympathique va rencontrer l'Histoire, lorsque la France est secouée par des troubles qui ont peu de prise sur cet homme qui « n'est *pour* rien du tout ». Succède à François Hollande Mohamed Ben Abbes, fils d'épicier tunisien, candidat de la Fraternité musulmane, élu par les partis traditionnels qui ont fait barrage au Front national.

Avec une méchanceté aussi suave que sidérante, Houellebecq montre un pays, le sien et celui de son lecteur, qui se soumet à ce verdict des urnes. Ô merveille du républicanisme ! Voilà la France soumise se pliant, pour éviter le pire, à la dictature tiède du berger islamique : *islam*, étymologie signifiante, veut dire littéralement « soumission ». François devient donc, de renoncements en abandons, d'atermoiements en concessions, de résignation en attentisme, celui qui ne va pas dire non. Ni héros ni salaud, il voit les lois nouvelles se propager, sans s'y opposer. Il est le double, symétrique et antithétique, du Bérenger de Ionesco dans *Rhinocéros*. Loser marginal, paumé, l'antihéros de Ionesco devient la figure du rebelle, et la pièce s'achève sur ces mots : « Je ne capitule pas ». François – la sémantique de son prénom nous implique tous – est celui qui versera dans la soumission douce : l'ordre règne, la délinquance baisse, les femmes rentrent à la maison, le voile est de rigueur, le chômage chute, la polygamie est légale (notre héros ne manque d'y voir quelques avantages). Bref, tout est possible, à condition que nous fermions les yeux sur notre passé, sur notre histoire et notre mémoire. Le dernier mot de ce conte aigre-doux est à François : s'il se convertit à l'islam, une promotion cst à venir et, par conséquent, non, rien de rien, il ne trouve rien à regretter.

**Ô MERVEILLE DU RÉPUBLICANISME ! VOILÀ LA FRANCE SOUMISE, SE PLIANT, POUR ÉVITER LE PIRE, À LA DICTATURE TIÈDE DU BERGER ISLAMIQUE : *ISLAM*, ÉTYMOLOGIE SIGNIFIANTE, VEUT DIRE LITTÉRALEMENT « SOUMISSION ».**

Si *Soumission* est une sotie de la recomposition politique, *Sérotonine* est un traité de décomposition culturelle : le héros – bien peu héros, en l'occurrence – s'appelle cruellement Florent-Claude Labrouste, emblème assumé du raté. Il a 46 ans, travaille dans l'agronomie et vit une vie inconsistante, inconséquente. Mourir ne sera pas la réponse, mais partir : mieux, il va disparaître, et le roman s'ouvre sur son arrivée en gare de Caen (Calvados). Notre pauvre personnage a deux amis : le Captorix, qui ouvre le roman ; Aymeric d'Harcourt, agriculteur en Suisse normande, qui aura le dernier acte.

« C'est un petit comprimé blanc, ovale, sécable » : tel est l'incipit du roman. On remarque qu'il s'agit d'un alexandrin bien rythmé. Irrégulier, bien sûr. Mais parfaitement chantable, chacun peut s'en assurer. Le Captorix, avatar du Prozac, renvoie au titre, et cet antidépresseur joue sur la sérotonine, impliquée dans la gestion, par notre organisme, des humeurs et du désir. Aymeric, quant à lui, est paysan, et il vit – ou plutôt se meurt – sur ses terres. Au bout du voyage en solitaire, ponctué de haltes et de stations d'une drôlerie corrosive, il y aura une scène extraordinaire d'émeute populaire, affrontement impitoyable entre la police, au service des grands intérêts de Bruxelles, et les paysans, aussi révoltés que désespérés.

L'aventure de Florent-Claude, pathétique, dérisoire, est le déroulé gris-sale d'un trajet nommé déclin. Le pauvre garçon décline, et sa piètre vie est à l'unisson d'une contrée qui, pour citer Huysmans, s'en va tout doucement à vau-l'eau. Nous suivons le narrateur, nous lui emboîtons le pas et, profondément, nous l'accompagnons. C'est à une traversée des apparences que nous invite Houellebecq, qui prend soin de composer une pavane désenchantée pour un univers défunt. Et c'est nous qui l'avons tué, ou qui l'avons laissé se déconstruire, à bas bruit. François nous avait prévenus dans *Soumission* : « Je ne suis *pour* rien, tu le sais. » Il ne reste plus à tous les Florent-Claude d'être les baladins désabusés de cette décadence que nous n'avons pas voulue, mais jamais combattue.

## PENSER, C'EST **VOIR**

Quatre moments clés font l'histoire d'un livre : la conception, la création, la publication et la réception. Chez Houellebecq, le dernier temps est de très loin celui qui occupe la plus large – et bruyante – part. Adversaires acharnés et admirateurs résolus s'invectivent peu sur l'œuvre en tant que telle (sa construction, sa facture, son style) mais surtout sur la dimension politique, idéologique qu'elle prend. En clair, et en bref, la question se résume lapidairement à cet énoncé aussi simpliste que réducteur : Houellebecq est-il de droite ? La question n'est pas sans intérêt, mais trouve vite sa limite. Enfermer l'œuvre dans un « message » explicite, affirmer que le roman se réduit à la thèse qui le résume, c'est passer à côté de l'essence même de la littérature. Personne n'a oublié que Balzac affirmait vouloir écrire sa *Comédie humaine* « à la lumière de ces deux flambeaux immortels, le trône et l'autel ». Qui se voudrait assez benêt pour s'offusquer qu'on fasse lire dans les écoles ce catho réac ? Cette référence à Balzac est à dessein : l'engagement qu'a professé l'auteur du *Médecin de campagne* n'a jamais anéanti chez lui la force créatrice. Au contraire. À la différence de Sartre, englué dans le pensum de ses *Chemins de la liberté*, Balzac a toujours fait passer la puissance romanesque avant l'intention apologétique. Quand il déclare que « penser, c'est voir », il fait entendre que le romancier est d'abord celui qui saisit, toute crue, l'immense comédie (au sens premier de théâtre) qui s'offre à son regard, et qu'il va nous la restituer, transformée, métamorphosée, alchimisée, dans l'espace poétique de son texte.

Comme Balzac, Michel Houellebecq, assis au balcon du monde, regarde ses contemporains. Dans quelques décennies, on saura lire dans ses romans un portrait particulier, parcellaire, orienté, de ce que fut la France des années 1990-2030. Le monde dans lequel vit Houellebecq est un monde finissant, un après-banquet où les convives n'ont plus guère de goût à quoi que ce soit, un monde qui proclame ici le puritanisme et qui prostitue là les corps à longueur de pubs, un monde où l'argent achète tout et qui branche sur YouPorn ses enfants, un monde où le bourgeois est bohème, où le libéral est libertaire, où le socialiste est affairiste, où le conservateur met en pièces la planète qu'il léguera à ses enfants.

L'œil de Houellebecq est celui d'un quidam désabusé. À l'invective ou à la colère, il préfère l'ironie. L'humour, chez lui, est moins une politesse du désespoir qu'une politique du désenchantement. Il fait traverser notre univers à ses personnages, et nous livre l'état de sa rétine. Mieux : il investit ses personnages. François et Florent-Claude sont habités par leur créateur. Houellebecq voit le réel avec leurs yeux. Les clichés, platitudes et idées reçues (au sens flaubertien assumé), qu'orchestre le texte houellebecquien, sont au cœur de la vacuité de notre temps. Ne pas les mentionner, ne pas leur donner un rôle de premier plan serait rater l'âme creuse de notre société défaite. Malaise dans notre civilisation ? Assurément. Un malaise généralisé, selon Houellebecq, qui s'épanche et s'étale comme une flaque flasque. La cause ? Notre démission, elle aussi généralisée. Au sens d'un refus de toute mission, de tout projet. Houellebecq fait songer à cette phrase de Bernanos : « Le démon de notre cœur s'appelle "À quoi bon !" » Les héros de MH sont sans engagement, sans idéal et privés de transcendance. Ainsi se construit la lecture du réel de ce romancier. Inévitablement, cette peinture du malaise met le lecteur mal à l'aise. En témoignent les réactions de ceux qui détestent la vision du sexe et de la sexualité. Elle est effectivement, horrible et repoussante : mais elle veut être l'image de notre complaisance à l'enlaidissement de la sexualité au début du XXIe siècle. Le moyen de descendre à la cave pour chercher du charbon sans remonter avec les mains noires, dégoûtantes ? La chair est triste, affirme Houellebecq, et le dire ne prend sens que dès lors que cela est vécu dans l'intériorité d'un personnage, et que cela est montré dans la petitesse de sa vie.



## POUR L'**AMOUR** DU ROMAN

Reste le titre : on attendrait, à juste titre, le nom d'un personnage, l'indice d'une action, l'annonce d'une aventure. Houellebecq a choisi, pour *Sérotonine* et *Soumission*, deux mots qui programment plus une réflexion qu'une action. Ces deux substantifs sont sans article, posés là comme en valeur absolue, coupés de tout enjeu syntaxique. Sont-ce des noms communs qui vont jouer le quasi-rôle d'un personnage ? On mesure à cette ambivalence la parenté unissant le romancier et l'essayiste en Houellebecq, qui, dans la grande tradition des romanciers du XIXe comme dans celle des Gide, Bernanos et Céline, veut faire germer des interrogations, veut inquiéter et déranger. C'est pourquoi il a choisi de ne pas être totalement au-dehors (comme l'essayiste) ni absolument au-dedans (comme le conteur) : Houellebecq, pour le dire d'une formule, se place résolument *dedhors*. Il est à la fois le commentateur du spectacle et son protagoniste ; il déambule avec son héros, lunaire et paumé, et fait entendre, en même temps, une voix de surplomb, ténue et pointue. Ce *dedhors* détonnant, voilà qui choque et désoriente, et désarçonne ses contempteurs. Voilà qui fait jubiler qui adhère à cette urticante atopie de l'écrivain.

**CET ARPENTEUR DROLATIQUE DE NOTRE BAS-EMPIRE EST UN IRREMPLAÇABLE SOCIOLOGUE, POUR QUI LA SOCIOLOGIE EST UN SPORT DE CONSTAT : MONTRER LE MONDE, LE DONNER À VOIR ET, SI LE TRAIT TIRE AU NOIR, C'EST QUE SON ŒIL A LA PAUPIÈRE LOURDE ET FATIGUÉE.**

Il serait illusoire de chercher en Houellebecq on ne sait quelle curieuse consolation. C'est une chanson grise continue qu'il délivre *a capella*, verlainienne en diable, mais sans rien qui viendrait en atténuer la désolation. Cet arpenteur drolatique de notre bas-empire est un irremplaçable sociologue, pour qui la sociologie est un sport de constat : montrer le monde, le donner à voir et, si le trait tire au noir, c'est que son œil a la paupière lourde et fatiguée. Mais désolation n'est pas désespérance. Rien de plus roboratif que les amers syllogismes de Cioran ! Revenons à Bernanos, avec la suite de la phrase que nous avons citée : « L'enfer, c'est de ne plus aimer. On ne saurait expliquer les êtres par leurs vices, mais au contraire par ce qu'ils ont gardé d'intact, de pur, par ce qui reste en eux de l'enfance, si profond qu'il faille chercher. » Loin de moi l'intention d'enrôler Houellebecq chez Bernanos : mais comment ne pas être étonné, *mutatis mutandis*, par ce passage de *Soumission* : « Je ne crois pas me tromper en comparant l'amour à une sorte de rêve à deux, avec il est vrai des petits moments de rêve individuel, des petits jeux de conjonctions et de croisements, mais qui permet en tout cas de transformer notre existence terrestre en un moment supportable – qui en est même, à vrai dire, le seul moyen. »

Où situer Houellebecq ? L'adjectif qui lui est souvent accolé – et qui correspond somme toute assez bien à *Sérotonine* et *Soumission* – est celui d'antimoderne. Devant le progrès joyeux des hommes enceints et des adultes à trottinette, devant le spectacle coloré des genres fluides et de la location d'utérus, devant la faillite avérée de l'enseignement et la numérisation généralisée, Houellebecq ne part pas en guerre : il met crosse en l'air. C'est un *homme contre*. Antimoderne serait alors celui qui prend acte de l'entreprise de démolition, qui la contemple et l'ausculte, et en dresse, laconique, moqueur, vachard, le procès-verbal. Peut-être, ultime coup de canif contre la déglingue, croit-il à l'encre de sa plume. Ce bonhomme me fait vraiment penser à Baudelaire – le vrai, le dur, le timbré majuscule, interdit de publication par les belles âmes de son temps.

C'est le Diable qui tient les fils qui nous remuent !

Aux objets répugnants nous trouvons des appas ;

Chaque jour vers l'Enfer nous descendons d'un pas,

Sans horreur, à travers des ténèbres qui puent. ◆

LA REVUE DE MICHEL ONFRAY

# FRONT POPULAIRE

« SOYEZ RÉSOLUS À NE PLUS SERVIR ET VOUS VOILÀ LIBRES ! » LA BOÉTIE

## BULLETIN D'ABONNEMENT

À retourner à :

Front Populaire – Service abonnements - 60643 Chantilly CEDEX

Mon abonnement commencera avec la revue en cours

**☑ OUI, JE M'ABONNE À FRONT POPULAIRE, JE CHOISIS MON OFFRE :**

❑ 1 an à la formule intégrale - 4 revues papier et numérique + accès illimité à tous les contenus numériques y compris FP + toutes les archives – pour 89€ au lieu de 109,60€

❑ 1 an à la formule Papier - 4 revues papier pour 55€ au lieu de 59,60€

Ces tarifs sont valables pour la France métropolitaine.
Des frais d'expédition supplémentaires de 20 euros par année d'abonnement s'appliquent pour les autres pays.

**J'INDIQUE MES COORDONNÉES**

❑ M. ❑ Mme Prénom........................ Nom........................

Adresse........................

Code postal........................ Ville........................ Pays........................

E-mail........................ Tél. ........................

**J'EFFECTUE MON RÈGLEMENT :**

❑ Par carte bancaire : N° ☐☐☐☐☐☐☐☐☐☐☐☐☐☐☐☐

Cryptogramme (les 3 derniers chiffres au dos de votre carte) ☐☐☐ Expire fin ☐☐☐☐

Date et signature obligatoire :

❑ Par chèque à l'ordre des Éditions du Plénître

**SI JE SOUHAITE OFFRIR CET ABONNEMENT, JE NOTE ÉGALEMENT LES COORDONNÉES DU BÉNÉFICIAIRE**

❑ M. ❑ Mme Prénom........................ Nom........................

Adresse........................

Code postal........................ Ville........................ Pays........................

E-mail........................ Tél. ........................

RETROUVEZ L'INTÉGRALITÉ DE NOS OFFRES D'ABONNEMENT SUR LE SITE FRONTPOPULAIRE.FR

**UNE QUESTION, UNE REMARQUE ?**

Mail : abo@frontpopulaire.fr • Tél. : 03 44 62 52 45 • Courrier : Front Populaire - 60643 Chantilly CEDEX

La revue *Front populaire* est éditée par les Éditions du Plénitre, 24, rue Anatole-France, 92300 Levallois-Perret, 882 677 016 R.C.S. Nanterre. Vous disposez d'un droit de rétractation de 14 jours après réception du premier numéro de votre abonnement par mail : abo@frontpopulaire.fr ou par courrier : Front Populaire, Service Clients, 60643 Chantilly CEDEX. Votre abonnement est résiliable à tout moment et les numéros non encore envoyés vous seront remboursés. En cas de litige, vous pourrez saisir un médiateur de la consommation, conformément à la réglementation en cours. https://www.economie.gouv.fr/mediation-conso

Les informations recueillies sont nécessaires pour la mise en place et le suivi de votre abonnement. Elles font l'objet d'un traitement informatisé et sont destinées au service abonnement des Éditions du Plénitre ainsi qu'à ses prestataires. Vous pouvez exercer vos droits d'accès, de rectification, d'effacement, d'opposition, à la limitation et portabilité de vos données, ainsi qu'au sort de celles-ci en cas de décès, à l'adresse suivante : 24, rue Anatole-France, 92300 Levallois-Perret. Les conditions générales de vente complètes et la charte des données personnelles sont consultables sur www.frontpopulaire.fr

**FRONT POPULAIRE** Une revue créée par Michel Onfray et Stéphane Simon. **www.frontpopulaire.fr**

**DIRECTEUR DE LA PUBLICATION**
Stéphane Simon
**CODIRECTEUR DE LA PUBLICATION**
Michel Onfray
**ÉDITEUR**
Stéphane Germain
**ÉDITION DÉLÉGUÉE, ET FABRICATION**
Delicity

**RÉDACTEUR EN CHEF**
Jean-Baptiste Roques
**RÉDACTEUR EN CHEF ADJOINT**
Maxime Le Nagard

**DIRECTRICE ARTISTIQUE**
Constance Gournay
**PHOTOS**
Hannah Assouline : pages 47, 50, 53, 62, 67, 71, 83, 87, 89, 94, 101, 104, 107, 113, 129, 135
DR : pages 75, 141
Stéphane Simon : pages 6, 10, 15, 18, 23, 28, 33, 37, 40
**ILLUSTRATION DE COUVERTURE**
Constance Gournay

**DIRECTRICE DE LA COMMUNICATION**
Dorothée Schwartz

**VENTE AU NUMÉRO**
(réservé aux marchands de journaux)
Stand Up Presse :
contact@standup-presse.fr

**GESTION DES ABONNEMENTS**
Pour nous contacter :
• mail : abo@frontpopulaire.fr
• tél. : 03 44 62 52 45
• courrier : *Front populaire*
60643 Chantilly CEDEX

**IMPRIMEUR**
Aubin Imprimeur
CS 70005 - 86240 Ligugé, France

**DIFFUSION PRESSE**
Messageries lyonnaises de presse

**ROUTAGE**
France-Routage

**DIFFUSION LIBRAIRIES**
Interforum

**INFORMATIONS LÉGALES**
*Front populaire* est édité par les Éditions du Plénitre SAS au capital social de 1 000 euros
RCS : Nanterre 882 677 016
SIRET : 88267701600017
24, rue Anatole-France
92300 Levallois-Perret

Dépôt légal à parution
ISSN : 2729-0972

Commission paritaire
CPPAP : 0523 D 94290